Nicole Sutera

BEVOR DU ZUR ARBEIT GEHST

INSPIRATIONEN FÜR BERUFSTÄTIGE

SCM R.Brockhaus

SCM

Stiftung Christliche Medien

Bodenborn 43 · 58452 Witten
Internet: www.scm-brockhaus.de; E-Mail: info@scm-brockhaus.de

Die Bibelverse sind folgender Ausgabe entnommen:
Neues Leben. Die Bibel, © 2002 und 2006 SCM R.Brockhaus im SCM-Verlag GmbH & Co. KG, Witten.

Gesamtgestaltung:
Yellow Tree – Agentur für Design und Kommunikation
www.yellowtree.de
Druck und Bindung: Golden House Products Company limited
Gedruckt in China
ISBN 978-3-417-26459-3
Bestell-Nr. 226.459

⇛ MIT SCHWUNG IN DEN TAG

Ein neuer Tag ist angebrochen. Mein Wecker klingelt laut und schrill und reißt mich jäh aus meinen schönen Träumen. Viel zu früh, so kommt es mir wieder einmal vor. Müde stelle ich den Wecker aus und drehe mich mit einem tiefen Seufzer auf die andere Seite. Zu gerne würde ich gemütlich im Bett liegen bleiben. Sehnlichst wünsche ich mir das Wochenende herbei. Draußen ist es noch dunkel und kalt. Gibt es irgendetwas, das mich aus den warmen Kissen locken könnte?

Ich verschwende einen kurzen Gedanken an den Arbeitstag, der vor mir liegt. Die übliche Routine. Zudem erwarten mich leider einige lästige Aufgaben, die ich schon seit einer Weile vor mir herschiebe und die heute erledigt werden müssen. Nein, der Gedanke an die Arbeit ist nicht gerade verlockend und raubt mir schon jetzt die Kräfte. Mit solch einer Aussicht fällt mir das Aufstehen noch schwerer. Dieser Tag verspricht vor allem Pflichten und Anforderungen. Dafür fühle ich mich noch nicht bereit und schlage mir die Bettdecke über den Kopf. Ein Lichtblick scheint nicht in Sicht. „Lieber Gott, schenke du mir Freude an diesem Tag und einen Grund, um gerne aufzustehen und meine Arbeit zu beginnen“, murmele

ich ein kraftloses Gebet. Da vernehme ich eine leise innere Stimme, ein gehauchtes Flüstern, das zu mir spricht: „Denke nicht darüber nach, was dieser Tag dir bringt, was er dir bieten kann oder welche Pflichten er dir abverlangt. Überlege vielmehr, was du selbst heute durch deine Arbeit geben und verschenken kannst, um den Tag besonders zu machen."
Ja, denke ich überrascht. Ich sollte meine Einstellung ändern. Denn es stimmt: Gott schenkt mir den Tag, um ihn zu gestalten. Ich habe heute die Möglichkeit, etwas von mir an andere weiterzugeben. Vieles, was ich tue, macht mehr Freude, wenn ich es für jemand anderen tue. Es erscheint irgendwie sinnvoller. Alles Tun gewinnt an Bedeutung, wenn es für eine andere Person wichtig ist oder wenn ich es einer anderen Person aus Zuneigung widme. Nun, hier ist die Gelegenheit! Ich kann alles, jeden Handgriff und alle Arbeit, für jemanden tun, der mir wichtig ist, nämlich für Gott. Egal, welche Aufgaben und Pflichten auf mich warten – ich kann sie Gott widmen. Er hat mich dazu befähigt, selbst dafür zu sorgen, dass ein Tag Freude bringt. Indem ich alle Arbeit zu seinem Wohlgefallen erledige, erweise ich ihm Ehre. Und was ich zu Ehren Gottes mache, wird letzten Endes auch mich froh stimmen. So beschließe ich erwartungsvoll, wie ich meine Arbeit heute ange-

hen möchte: bereitwillig, meine Gaben und Talente einsetzend, Gott erfreuend. Fröhlich und in Dankbarkeit für diesen Tag, für diese Arbeit und für die Gelegenheiten, bei denen ich meiner Liebe zu Gott Ausdruck geben darf.
Ich nehme mir außerdem vor, die Menschen um mich herum mit kleinen Gesten wertzuschätzen und ihnen auf diese Art Gottes Liebe zu zeigen. Ich beschließe, heute einem Menschen, der mir während der Arbeit begegnet, ehrlich gemeinte Aufmerksamkeit zu schenken. Oder ich könnte jemanden loben und ihm oder ihr Achtung und Respekt zollen. Vielleicht wird sich mir auch die Möglichkeit zu einer uneigennützigen Tat bieten? Oder dazu, jemandem zu helfen? Mir kommen mehr und mehr Ideen. Diesen Tag kann ich in Gottes Sinne gelingen lassen! Mit solch guten Vorsätzen kann ich es kaum noch abwarten, meinen Morgen wirklich beginnen zu lassen. Ein freudiges Kribbeln breitet sich ich meinem Bauch aus. Ich danke Gott für die Möglichkeiten, die er für mich bereithält, und springe mit viel Schwung aus den Federn. Jetzt freue ich mich auf den weiteren Tag und die Gelegenheiten, die sich mir bieten werden. Ich werde sie wahrnehmen und nicht ungenutzt verstreichen lassen.

INSPIRATIONEN AUS DER BIBEL

Gott segnet die, die ihr Leben Gott ganz zur Verfügung stellen, denn das Himmelreich wird ihnen gehören.
Matthäus 5,10

Der HERR, unser Gott, schaue freundlich auf uns und lasse unsere Arbeit gelingen. Ja, lass unsere Arbeit gelingen!
Psalm 90,17

MEIN GEBET

Geliebter Vater, bitte vergib mir, wenn ich vergesse, dass jeder Tag ein Geschenk von dir ist. Manchmal erscheint mir meine Arbeit nur als eine notwendige Pflicht. Aber du ermunterst mich, den Tag zu deinen Ehren zu gestalten. Ich bitte dich um die Inspiration, zu erkennen, wo ich nach deinem Willen handeln kann. Schenke mir die Kraft zu tun, was dir Freude macht. Hilf mir, die Gelegenheiten dazu nicht verstreichen zu lassen, sondern bewusst zu ergreifen, damit meine Liebe zu dir in meinem Handeln sichtbar wird. Schenke mir Freude an diesem Tag. Amen.

ZUM NACHDENKEN

- » **Wie kann ich den heutigen Tag als ein Geschenk betrachten und ihn in diesem Sinne gestalten?**
- » **Was habe ich heute durch meine Arbeit zu geben? Welche Vorsätze kann ich fassen, um den Tag in Gottes Sinne gelingen zu lassen?**
- » **Wann habe ich in der Vergangenheit Gelegenheiten verstreichen lassen, in denen ich Gottes Liebe hätte sichtbar machen können? Warum?**
- » **Welche Bibelstellen finde ich, dir mir sagen, auf welche Weise ich arbeiten kann, um Gott zu rühmen und ihm Ehre zu geben?**

⇛ ES GEHT UM DIE LIEBE

Wie genau sieht eigentlich Arbeit zur Ehre Gottes aus? Sind damit große und barmherzige Taten gemeint? Ist es die Arbeit von Pastoren, Missionaren und anderen „Vollzeitlichen"? Auch, aber nicht nur. Gott misst weder der Größe der Handlung noch der Wichtigkeit der Aufgabe Bedeutung bei. Es geht ihm zuallererst um die Haltung, mit der wir unsere Arbeit angehen.

Mutter Teresa hat dazu gesagt: „Christus wird uns nicht fragen, wie viel wir geleistet haben, sondern mit wie viel Liebe wir unsere Taten vollbracht haben", und: „Es geht nicht um das, was wir tun oder wie viel wir tun, sondern darum, wie viel Liebe wir in das Tun legen, in die Arbeit, die er uns anvertraut hat."

Es geht also um die Liebe. Gott erfreut sich an jedem Beruf, und er findet Gefallen an jeder Arbeit, wenn wir sie liebevoll verrichten. Das klingt schön und ich persönlich möchte das sehr gerne tun. Aber irgendwie klingt es auch nach einer schwierigen Herausforderung. Denn leider ist unsere Arbeit zuweilen anstrengend oder stellt uns vor Probleme. Manchmal macht sie uns Sorgen und ab und an weht dort ein rauer Wind. Wie trägt man ausreichend Liebe in

sich, um alles liebevoll anzugehen? Wo kann so viel Liebe herkommen?
Sie kommt von Gott. Er beschenkt uns reichlich mit seiner unermesslichen Liebe, sodass wir unsere Mitmenschen sogar noch damit anstecken können. Durch unsere Arbeit haben wir die Möglichkeit, Gottes Liebe in die Welt hinauszutragen. Daher schreibt Paulus, wir sollen darauf achten, dass sie in unserem Leben zu sehen ist (vgl. Philipper 2,12).
Wir müssen die Liebe nicht selbst aufbringen. Gott verkörpert sie, er *ist* die Liebe. Er hat uns seine Liebe durch Jesus Christus gnädig erwiesen. Und wir können sie nun sichtbar machen, denn wir sind Gottes Werkzeug. Wir stehen in seinem Dienst, im Gottesdienst – auch während unserer Arbeit –, wenn wir den Heiligen Geist in uns und in unseren Alltag hineinlassen. Wenn wir uns dafür öffnen. So wird aus jedem normalen Arbeitstag ein Feiertag, ein Tag, an dem wir unseren Vater feiern.
Wie nun aber macht man Liebe sichtbar?
Der Apostel Paulus fordert in seinem Brief an die Epheser die Sklaven auf: „Arbeitet hart, aber nicht nur, um euren Herren zu gefallen, wenn sie euch dabei sehen. Versteht euch vielmehr als Sklaven, die Christus gehören und die von Herzen den Willen Gottes erfüllen" (Epheser 6,6). Sogar die Sklaven –

das waren die Gefangenen und Unterdrückten, die sich ihre Arbeit wahrlich nicht aussuchten – sollten also durch ihre Arbeit den Willen Gottes erfüllen. Darin finden selbst die Unfreien Freiheit.
Ich denke, so beginnt alles. Damit, dass wir von Herzen Gottes Willen zu unserem Willen machen möchten. Es beginnt mit unserem Vertrauen auf Gott und mit unserem Glauben an Jesus. Es beginnt damit, dass wir uns für Gott entschieden haben und zu ihm beten. So öffnen wir uns für seine Liebe und für seinen Heiligen Geist. Uns wird es warm ums Herz und die Liebe fängt an zu fließen, in unsere Worte und Taten. Die Welt kann sie sehen und fühlen – und gibt sie oftmals noch an uns zurück.
Es ist ein fruchtbarer Kreislauf, der im Kleinen beginnt. Was wir in Liebe tun, kann wie in einer Aufwärtsspirale Liebe im Übermaß an uns zurückfließen lassen. Unsere Herzen können sich weiter und weiter füllen und werden irgendwann randvoll sein mit diesem Segen. Dann werden sie übersprudeln vor Liebesglück, und wir können nicht mehr anders, als in jeder Tat und mit jedem Wort Gottes Liebe in die Welt zu tragen.
Dabei lässt sich nicht jede Tätigkeit sichtbar liebevoll erledigen, denn Liebe ist vielleicht nicht immer als solche erkennbar. Aber ihr können Tugenden

entspringen: Wie können wir beispielsweise liebevoll Rechnungen buchen oder Betten beziehen? Man kann es geduldig, sorgfältig und gewissenhaft tun – auch das sind Ausprägungen der Liebe und Ausdrucksformen eines Menschen, der die Liebe im Herzen bewahrt.

INSPIRATIONEN AUS DER BIBEL

Ich habe euch genauso geliebt, wie der Vater mich geliebt hat. Bleibt in meiner Liebe. Wenn ihr mir gehorcht, bleibt ihr in meiner Liebe, genauso wie ich meinem Vater gehorche und in seiner Liebe bleibe. Ich sage euch das, damit meine Freude euch erfüllt. Ja, eure Freude soll vollkommen sein!
Johannes 15,9-11

Weil Gott so barmherzig ist, fordere ich euch nun auf, liebe Brüder, euch mit eurem ganzen Leben für Gott einzusetzen. Es soll ein lebendiges und heiliges Opfer sein – ein Opfer, an dem Gott Freude hat. Das ist ein Gottesdienst, wie er sein soll.
Römerbrief 12,1

Wenn ich in den Sprachen der Welt oder mit Engelszungen reden könnte, aber keine Liebe hätte, wäre mein Reden nur sinnloser Lärm wie ein dröhnender Gong oder eine klingende Schelle. Wenn ich die Gabe der Prophetie hätte und wüsste alle Geheimnisse und hätte jede Erkenntnis und wenn ich einen Glauben hätte, der Berge versetzen könnte, aber keine Liebe hätte, so wäre ich nichts.

1. Korintherbrief 13,1-2

MEIN GEBET

Vater, du bist die Liebe. Vergib mir bitte, denn ich habe dir keine großen Taten zu bieten. Ich beginne im Kleinen. Für dich will ich jeden Handgriff und jede kleine Tat liebevoll ausführen. Zu deinem Wohlgefallen möchte ich meine Arbeit und Werke mit Liebe durchtränken. Ich möchte aus dem heutigen Tag einen Feiertag zu deinen Ehren werden lassen.

Für dich will ich es tun, um dich zu loben und zu preisen. Ich bitte dich, erfülle du mein Herz mit deiner Liebe! Lass mich übersprudeln vor Liebesglück und mit meiner Arbeit deine Liebe in die Welt tragen. Amen.

ZUM NACHDENKEN

- » **Wie kann ich heute in meine Handlungen, Begegnungen, in meine Worte und in meine Tätigkeiten, die Gott mir anvertraut hat, mehr Liebe legen?**
- » **In welchem Bereich fällt es mir besonders schwer, liebevoll zu sein? Was könnte ich daran ändern?**

⇛ DIE WAHL DER FARBE

Unsere Arbeit und unsere Werke, voller Liebe! Das erfreut Gott nicht nur, sondern er bewirkt es auch in uns – wenn wir seinem Ruf folgen und einen ersten Schritt gehen, um die Beziehung zu ihm aufzunehmen. Der Anfang liegt im Gebet und in unserem Willen. *Wollen* wir jeden kleinen Arbeitsvorgang liebevoll angehen?

Je mehr Liebe durch den einzelnen Handgriff strömt, desto liebevoller wird das gesamte Werk anmuten. Die Liebe aber hat viele Gesichter und zahlreiche Facetten. Wir dürfen aus dem Vollen schöpfen, denn liebevoll zu arbeiten kann vieles heißen: andächtig, sanftmütig, aufrichtig, geduldig, vertrauensvoll, maßvoll, barmherzig, freudestrahlend, ehrlich, versöhnlich oder auf viele andere Art und Weise jeden einzelnen Handgriff anzugehen.

Gott, unser Schöpfer, hat uns also kreative Möglichkeiten an die Hand gegeben. Weil wir in seinem Bild geschaffen sind, dürfen auch wir durch unsere Gedanken, Worte und schließlich auch Taten schöpferisch sein!

Wenn wir uns vorstellen, dass wir ein Bild unserer heute vor uns liegenden Arbeit malen müssten, wären wir sicherlich nicht völlig frei. Das Blatt, auf dem wir malen, ist eine Vorlage in Schwarz und Weiß. Das Motiv des Bildes hängt von unseren Berufen ab. Wie das Motiv auf dem Blatt dargestellt wird, das entscheiden die Vorgesetzten, denn von ihnen erhalten wir die auszuführenden Arbeitsaufträge. Der grobe Umriss ist also fremdbestimmt und wir können ihn nicht verändern – zumindest nicht kurzfristig. Doch wir dürfen die vorgezeichnete schwarz-weiße Vorlage zu einem farbenprächtigen Leben erwecken.

Unsere Aufgabe ist es, inspiriert den Pinsel zu ergreifen und unser Arbeitsbild auszumalen. Die Farben entsprechen der Art und Weise unserer ganz persönlichen Ausführung. Sie sind das Gefühl und die Geisteshaltung, mit der wir unsere Arbeit angehen. Die Entscheidung darüber liegt bei jedem selbst. Gott lädt uns ein, jede einzelne unserer bedeutsamen oder auch belanglosen Handlungen zu gestalten, sie zu schmücken und zu dekorieren. Wir können unsere Schöpferkraft sehr bewusst oder auch nur unbewusst wahrnehmen und nutzen – so oder so sind wir immer schöpferisch tätig. Die Kunst ist die Wahl der Farbe: Welche Farbtöne zieren das Bild unserer Arbeit? Wir haben viele Möglichkeiten.

Gott fragt: „Welche Farben soll das Bild eurer Arbeit bekommen? Ich bin gespannt auf eure Wahl." Uns stehen warme und kalte Farben zur Verfügung. Die

Nuancen und Schattierungen sind so vielfältig, dass unser Gestaltungsspielraum riesig wird. Das Gute, aber auch das Schwierige dabei ist: Die Farbwahl kann uns niemand abnehmen. Diese Entscheidung liegt gänzlich in unserer eigenen Verantwortung. Aus welchem Spektrum werden wir wählen? Werden wir uns für eine Farbe der Liebe entscheiden? Und wenn ja, für welche Schattierung, welche Ausdrucksform?

Täglich neu können wir Gott unser Bild malen. Wird er sich darüber freuen und ein Gemälde der Liebe darin entdecken?

INSPIRATIONEN AUS DER BIBEL

Die Liebe ist geduldig und freundlich. Sie ist nicht neidisch oder überheblich, stolz oder anstößig. Die Liebe ist nicht selbstsüchtig. Sie lässt sich nicht reizen, und wenn man ihr Böses tut, trägt sie es nicht nach. Sie freut sich niemals über Ungerechtigkeit, sondern sie freut sich immer an der Wahrheit. Die Liebe erträgt alles, verliert nie den Glauben, bewahrt stets die Hoffnung und bleibt bestehen, was auch geschieht.

1. Korinther 13,4-7

Wenn dagegen der Heilige Geist unser Leben beherrscht, wird er ganz andere Frucht in uns wachsen lassen: Liebe, Freude, Frieden, Geduld, Freundlichkeit, Güte, Treue, Sanftmut und Selbstbeherrschung.
Galaterbrief 5,22-23

MEIN GEBET

Mein Schöpfer und Vater, für dich will auch ich schöpferisch werden. Vergib mir bitte, wenn ich schwach bin und mein Arbeitsbild in kalten Farben ausmale. Gib du mir die Kraft, ganz bewusst die Farben auszusuchen, mit denen ich mein Bild für dich schmücke. Hilf mir, dass ich meinen Gestaltungsspielraum erkenne, und lass mich die warmen Farben der Liebe wählen. Schenke mir Inspiration für das Bild meiner Arbeit, und zeige mir die Nuancen auf, an denen du dich erfreust. Ich wünsche mir, dass dir mein Bild gefällt, und bitte dich darum, dass dein Heiliger Geist in meine Arbeit hineinwirkt und deine göttlichen Früchte in mir wachsen lässt. Amen.

ZUM NACHDENKEN

» **Mit welchen Farben färbe ich meine Arbeit?**

» **Wie bewusst ist mir jeweils die Entscheidung für meine Farben?**

» **Wie könnte ich mein Farbspektrum erweitern?**

⇛ DAS GEHEIMNIS DER DANKBARKEIT

Flupp! Eine neue, dicke Akte landet in großem Bogen ganz oben auf dem bereits turmhohen Stapel auf meinem Schreibtisch. „WICHTIG" prangt unübersehbar in roten Lettern darauf.

„Könnten Sie diese Sache bitte umgehend erledigen?", meint der Chef knapp und wendet sich schon wieder um. Es ist offenbar nur eine rhetorische Frage gewesen.

„Selbstverständlich gerne", antworte ich freundlich und sehe aus den Augenwinkeln heraus, wie meine Kollegin eine Grimasse schneidet. Sie lacht innerlich über meine Höflichkeitsfloskel, denn sie weiß, dass mein „gerne" nicht so ganz ehrlich gemeint ist. Schließlich habe ich so viel Arbeit auf dem Tisch, dass sie mir kaum noch zu bewältigen scheint. Kaum ist unser Chef durch die Tür unseres Bürozimmers verschwunden, rät meine Kollegin mir scherzend: „Sieh es doch einfach so: Du solltest Gott dankbar sein, dass du ausreichend Arbeit hast und so sehr gebraucht wirst!"

„Ja, und besonders herzlich danke ich ihm für die gute Kollegin an meiner Seite, die immer einen hilfreichen Tipp für mich übrig hat", antworte ich lakonisch mit einem Augenzwinkern und öffne die neue Akte mit einem schweren Seufzer.

„Und ich danke Gott dafür, dass *meine* Kollegin so einzigartig ist und es sie wirklich nur einmal gibt", kontert sie flachsend.

Wir beginnen, uns einen Spaß daraus zu machen, für alles, was uns nicht gefällt, zu danken. Wir trinken schlechten Kaffee und danken dafür, dass wir wissen, wie guter Kaffee schmeckt. Wir danken für das schlechte Wetter: „Gott sei Dank, es regnet in Strömen. So verpassen wir keinen Sonnenschein, während wir im Büro sitzen. Und danke auch für die viele Arbeit, denn ohne sie wüssten wir gar nicht, was wir sonst bei solchem Regen vor Langeweile tun sollten." Wenn das Telefon störend klingelt, danken wir, dass überhaupt jemand mit uns sprechen will.

Anfangs amüsieren wir uns einfach nur ganz gut, doch irgendwann bemerken wir auch eine Veränderung: Wir arbeiten mit einer neuen, unbekannten Leichtigkeit und Freude. Wir sind auf das Geheimnis der Dankbarkeit gestoßen und sind ihm ein wenig mehr auf die Spur gekommen. Dankbarkeit hilft uns, gezielt nach den guten Seiten der Dinge Ausschau zu halten. Dadurch lassen wir den negativen Gedanken wenig Raum. Unsere Dankbarkeit wirkt, obwohl wir sie nur im Scherz begonnen haben!

„Gott, wir danken dir sehr, dass du unseren Humor verstehst", denke ich. Von diesem Moment an danken wir ehrlich und von Herzen. Innerhalb eines Nachmittags sind wir richtig gut darin. Wir haben ein kleines bisschen besser verstanden, wie die Dankbarkeit das Lob Gottes immer stärker in den Mittelpunkt rückt und welch herrliches Gefühl von Frieden und Freude es uns verschafft. Wie heißt es so schön: „Danken schützt vor Wanken, Loben zieht nach oben." Ja, das stimmt. Unsere Herzen werden leicht. Als meine Kollegin sich am späten Nachmittag von mir verabschiedet, sagt sie: „Danke für den schönen Tag." Ich weiß nicht, ob es an mich oder an Gott gerichtet ist, oder an uns beide.

INSPIRATIONEN AUS DER BIBEL

Seid immer fröhlich. Hört nicht auf zu beten. Was immer auch geschieht, seid dankbar, denn das ist Gottes Wille für euch, die ihr Christus Jesus gehört.
1. Thessalonicher 5,16-18

Wie ihr nun Christus Jesus als euren Herrn angenommen habt, so lebt auch mit ihm und seid ihm gehorsam. Senkt eure Wurzeln tief in seinen Boden und schöpft aus ihm, dann werdet ihr im Glauben wachsen und in der Wahrheit, in der ihr unterwiesen wurdet,

standfest werden. Und dann wird euer Leben überfließen von Dankbarkeit für alles, was er getan hat.
Kolosser 2,6-7

MEIN GEBET

Vater, vergib mir, wenn ich über Kleinigkeiten murre, statt dir zu danken. So oft sehe ich nur die schlechten Seiten. Vergib mir, wenn ich undankbar bin und das Gute einfach nicht wahrnehme. Ich will die Dankbarkeit neu erlernen. Ich danke dir, dass du für mich da bist. Ich danke dir, dass du für mich sorgst. Alles kommt von dir. Vor allem aber danke ich dir, dass du mich unendlich liebst und in deine Arme schließt. Amen.

ZUM NACHDENKEN

» **Wofür kann ich dankbar sein, besonders in Bezug auf meine Arbeit?**
» **Wie oft danke ich Gott dafür?**
» **Wann murre ich besonders oft über Kleinigkeiten, statt dankbar zu sein und die guten Seiten zu sehen? Was könnte meine Sichtweise verändern?**

⇛ DAS GROSSE LOS

In meiner Handtasche steckt ein kleines Stück Pappe, nicht größer als eine Visitenkarte, grau, unscheinbar und auch schon ein bisschen zerfleddert. Ich nenne es „meine Glückskarte" oder manchmal auch „das große Los". Ein mir sehr nahestehender Mensch, meine gute Tante Elsa, hat es mir einst geschenkt. Es ist an sich wertlos, doch mir ist es sehr kostbar. Wenn ich es aus meiner Tasche ziehe und einen Blick daraufwerfe, wärmt es mich innerlich und zaubert mir ein sanftes Lächeln aufs Gesicht.

Meine Handtasche habe ich auf Schritt und Tritt bei mir, wohin ich auch gehe. So kann ich, wann immer es mir in den Sinn kommt, einen kurzen Blick auf meinen Pappzettel werfen und mir gute Laune schenken: in der Mittagspause, während der Arbeit, bei einem Telefonat, vor einem Gespräch mit dem Chef, beim Kaffee zwischendurch; also immer, wenn es mir einfällt oder wenn ich etwas brauche, das mir für einen Moment Kraft und Freude schenkt. Das dauert nie lange, denn auf meiner Glückskarte steht nur ein einziges Wort, schnörkellos per Hand in großen Buchstaben geschrieben.

So wie andere Menschen zwanzigmal am Tag auf ihr Handy schauen, ob sie eine SMS von jemandem erhalten haben, erlaube ich mir viele Glücksmomente mit meinem „großen Los". Das gönne ich mir wie ein kleines Stück Schokolade. Ja, ich bin etwas versessen darauf und ein bisschen berauscht davon, weil es mir Freude schenkt.

Einmal kam es vor, dass ich meine Handtasche aufräumen und entrümpeln wollte. Ich hatte sie komplett entleert, auch meine besagte Glückskarte herausgenommen. Dann vergaß ich dummerweise, sie wieder einzustecken, und sie blieb auf meinem Küchentisch liegen. Auf dem Weg zur Arbeit, ich war eben erst in die Straßenbahn eingestiegen, fiel es mir siedend heiß ein. Ich hatte mir ein Lächeln in mein müdes Gesicht zaubern wollen und konnte das große Los nicht finden.

Aufgeregt durchwühlte ich meine Handtasche, aber das war vergebens. Die Bahn hielt just in demselben Moment an der nächsten Station. Ihre Türen standen weit offen. Ich sprang auf, wie von der Tarantel gestochen, und stürmte hinaus. Die Leute dachten wohl, mir wäre urplötzlich übel geworden oder ich hätte meine Fahrkarte vergessen. Na, so ähnlich war es ja auch. Ich fuhr mit der nächsten Bahn zurück zu mir nach Hause. Diese fünf Minuten kamen mir unendlich lange vor. Natürlich würde ich heute etwas zu spät zur Arbeit kommen, aber dies war schließlich ein kleiner Notfall. Als ich endlich stolpernd in die Küche hastete, lag auf dem Tisch, wie ich es gehofft hatte, mein Zettel. Frieden breitete sich in mir aus, als ich meine fünf großen Buchstaben las: JESUS. Ich lächelte.

Natürlich ist mein kleines Pappstück an sich wertlos und unbedeutend und diese Geschichte nicht wirklich so passiert. Doch letztlich verhält es sich genau so: Jesus möchte immer bei uns sein und wir sollten nie ohne ihn gehen. Er möchte uns ein Lächeln aufs Gesicht zaubern, neue Kraft und Zuversicht schenken. Doch wie oft lassen wir ihn zurück, wenn wir unsere christlichen Kirchen, christlichen Familien, christlichen Freundeskreise verlassen? Wenn wir merken, dass wir ihn zurückgelassen oder vergessen haben, sollten wir uns beeilen, ihn wieder zu uns zu rufen. Er soll uns immer nah sein, in jeder Lebenslage, im Gottesdienst wie auf der Arbeit.

INSPIRATIONEN AUS DER BIBEL

Der Mensch braucht mehr als nur Brot zum Leben. Er lebt auch von jedem Wort, das aus dem Mund Gottes kommt.

Matthäus 4,4

Ihr werdet mit Freuden aus den Quellen seines Heils Wasser schöpfen! Ihr werdet dann sagen: „Dankt dem HERRN! Ruft seinen Namen an! Sagt der ganzen Welt, was er getan hat. Erzählt allen, wie groß sein Name ist! Singt für den HERRN, denn er hat Großes getan. Verkündet es auf der ganzen Welt."
Jesaja 12,3-5

MEIN GEBET

Jesus, ich danke dir, dass du immer bei mir sein willst. So sehr liebst du die Menschen, dass du dein Leben für sie hingegeben hast. Hilf mir, dass ich mich nicht von dir entferne, und erinnere mich daran, dass du für mich zur Vergebung meiner Sünden gestorben bist.
Du hast mir aufgezeigt, was in meinem Leben wichtig ist. Jesus, ich danke dir, denn du bringst Frieden in mein Herz und zauberst ein Lächeln auf mein Gesicht. Amen.

ZUM NACHDENKEN

» **Lasse ich Jesus manchmal „zurück" oder bin ich ihm in meinem Arbeitsleben zeitweise nicht nahe?**

» **Was könnte mir dabei helfen, Jesus öfter nahe zu sein und meine Wege auch außerhalb christlicher Treffen mit ihm zu gehen?**

⇛ ZU JEDER ZEIT

Der dreieinige Gott – der Vater, der Sohn und der Heilige Geist – ist mir immer zugewandt. Ich bin es, die sich manchmal von ihm abkehrt, ohne es wirklich zu beabsichtigen. Ich bin diejenige, die nicht immer auf ihn blickt. Vor allem dann, wenn meine Arbeitswelt so laut wird, dass ich das Gefühl bekomme, meinen allgegenwärtigen Gott nicht mehr vernehmen zu können. Das passiert mir, wenn die Ablenkungen und äußeren Einflüsse besonders groß sind. Oder wenn es hektisch wird und ich von meinen Aufgaben und den Anforderungen an mich so getrieben bin, dass ich keine Zeit oder keinen Sinn mehr für Gott habe. Wenn ich versuche, den Erwartungen der anderen – der Vorgesetzten, Kunden, Patienten, Kollegen oder mit wem ich es auch zu tun habe – gerecht zu werden, und einen hohen Leistungsdruck verspüre. Wenn ich anderen imponieren möchte. Oder wenn die Welt mich so in ihren Bann zieht, mit positiven Erfolgserlebnissen wie mit Niederlagen und schlechten Arbeitstagen, in denen nichts gelingen will, dass ich Gott schlichtweg für manche Stunden vergesse. In solchen Momenten will ich mir mehr und mehr Gottes Großartigkeit vor Augen führen und mich an seine Herrlichkeit erinnern. Ich will mich ihm bewusst zuwenden, auf ihn blicken und innehalten. Mir das Wichtigste in meinem Leben ins Gedächtnis zurückrufen und die Bedeutung meiner Arbeit wieder an den richtigen Platz rücken. Ich will Jesus bitten, dass er mir begegnet. Dann fühle ich mich ihm verbunden, und mir wird wieder bewusst, dass Gott zu jeder Zeit in meinem Herzen wohnt. Auch dann, wenn der Sturm der Arbeitswelt laut und tosend um mich herum tobt.

All unsere Gedanken sollen liebend um Gott kreisen: „‚Du sollst den Herrn, deinen Gott, lieben, von ganzem Herzen, mit ganzer Seele und mit all deinen Gedanken!' Das ist das erste und wichtigste Gebot" (Matthäus 22,37). So verbinden wir uns mit ihm und tanken auf, denn Gott ist unsere Quelle der Liebe, Freude, Hoffnung und Zuversicht. Mit diesem Tank voll überfließender Liebe finden wir stets aufs Neue Kraft, unser Leben nach Gottes Willen auszurichten. Und wenn wir unseren Gott einmal nicht gelobt haben oder unsere Anbetung mechanisch war und nicht aus tiefstem Herzen kam, so können wir jederzeit neu damit beginnen. Für diese Umkehrmöglichkeit hat Jesus sein Leben am Kreuz gegeben.

Erinnern wir uns also wieder und wieder daran, innezuhalten und Gott in unsere Arbeitszeit hineinzulassen! Täglich mit Gott, stündlich mit Gott, minütlich mit Gott – immer wollen wir uns ihm zuwenden und mit ihm sein!

INSPIRATIONEN AUS DER BIBEL

Denn alles kommt von ihm; alles besteht durch seine Macht und ist zu seiner Herrlichkeit bestimmt. Ihm gehört die Ehre in Ewigkeit! Amen.
Römer 11,36

Könige der Erde und alle Völker, Herrscher und Richter der Erde, junge Männer und junge Frauen, alte wie junge Menschen. Alle sollen den Namen des HERRN loben. Denn allein sein Name ist groß und sein Ruhm überragt Erde und Himmel!
Psalm 148,11-13

MEIN GEBET

Vater, vergib mir, dass die Ablenkungen, Versuchungen und Strapazen meiner Arbeit mich manchmal daran hindern, deine Stimme zu vernehmen. Vergib mir, wenn ich dich im Trubel vergesse. Ich will innehalten und dem Lärm der Welt trotzen. Ich danke dir, dass deine Tür mir jederzeit offen steht. Jesus, hilf mir, zu erkennen, dass du mir immer nah und zugewandt bist, dass du an meiner Seite gehst. Ich danke dir für deine unermessliche Liebe, die du uns durch deinen Tod am Kreuz erwiesen hast. Amen.

ZUM NACHDENKEN

Wenn du nach Gott suchst und nicht weißt, wo du anfangen sollst, lerne beten und bemühe dich, jeden Tag zu beten. Man kann jederzeit beten, überall. Man braucht dazu nicht in einer Kapelle oder Kirche zu sein. Du kannst bei der Arbeit beten – die Arbeit muss dich nicht vom Gebet abhalten und das Gebet muss dich nicht von der Arbeit abhalten. Sprich einfach, sag Gott alles. Er ist unser Vater.

Mutter Teresa

⇛ ER WAR MEIN VATER

Herbert starrte durch die Windschutzscheibe und knabberte an seiner Unterlippe, während er wartete. Er war tief in seine Gedanken versunken. Die Zeitung lag neben ihm auf dem Beifahrersitz und biederte sich ihm mit Sensationsmeldungen in fett gedruckter Schrift an. Er hatte heute keinen Blick für sie. Zu sehr beschäftigte ihn sein magerer Kontostand. Das Geld war knapp, und das schon seit Langem. Es reichte irgendwie für das Notwendige, aber viele Wünsche blieben offen. Es musste doch irgendwann besser werden.

Herbert beschloss, ab sofort weniger zu rauchen. Und diesmal sollte es wirklich nicht nur bei dem Vorsatz bleiben. Er musste das doch endlich hinkriegen. Mit dem eingesparten Geld könnte er zseiner kleinen Tochter ein größeres Geschenk zum Geburtstag kaufen, ein Fahrrad vielleicht oder einen Puppenwagen, die gab es ja auch gebraucht.

Im Kopf rechnete er zusammen, wie viel Euro bis zum Monatsende durch seinen Verzicht zusammenkämen. Knackend riss ihn da der Funk aus seinen Überlegungen. Die Zentrale schickte ihn unverzüglich in die Fährgasse. Herbert ließ den Motor an und fuhr los. Er kannte die Wohngegend, die er ansteuerte –

mittelmäßige Lage, anonyme Wohnblöcke, wenig Leben auf der Straße.
Sein Fahrgast stand schon am Bürgersteig bereit, als Herbert mit dem Taxi hielt. Ein unauffälliger, blasser Mann im mittleren Alter mit gebeugten Schultern. Schwarzer Anzug, schon abgenutzt und aus billigem Stoff, schwarzes Hemd, kein Gepäck. „Zum Nordfriedhof, bitte", sagte er nur mit leicht brüchiger Stimme. Fahrig wirkte er und innerlich aufgewühlt.
„Jemand, der Ihnen wichtig war?", fragte Herbert während der Fahrt vorsichtig, nicht aus Neugier, eher aus Entgegenkommen, um dem Schwarzgekleideten einen Halt anzubieten, ein Wort zum Festklammern.
„Nein", wies der Mann von der Rückbank aus entschieden von sich, „nein, er war mir weiß Gott nicht wichtig. Wir haben uns über zwanzig Jahre lang nicht mehr gesprochen. Wir hatten nichts gemeinsam. Es ist nur ein Pflichttermin, nichts weiter. Eigentlich ist er noch nicht einmal das Geld für das Taxi wert." Mit zusammengekniffenen Lippen blickte er ins Weite. „Aber er war mein Vater", fügte er dann kaum hörbar hinzu. „Das tut mir leid", murmelte Herbert und meinte damit nicht nur den Tod des Vaters. Sie schwiegen. Es gab irgendwie nichts mehr zu sagen. Nach wenigen Minuten erreichten sie den Friedhof. Herbert stieg aus. Er wollte dem Fahrgast

zum Abschied ermutigend die Hand schütteln. Der Trauernde zückte seine Brieftasche. Zehn Euro, das sind zwei Packungen Zigaretten, dachte Herbert kurz. Dann sagte er: „Bitte, behalten Sie Ihr Geld. Das geht auf meine Kosten." Der Mann schaute überrascht und lächelte dann leicht. Als Herbert ihm nachsah, wie er hinter den Toren des Friedhofs langsam verschwand, schien es, als hätten sich die Schultern des Mannes ein wenig gehoben.

INSPIRATIONEN AUS DER BIBEL

Deshalb orientiert euch nicht am Verhalten und an den Gewohnheiten dieser Welt, sondern lasst euch von Gott durch Veränderung eurer Denkweise in neue Menschen verwandeln. Dann werdet ihr wissen, was Gott von euch will: Es ist das, was gut ist und ihn freut und seinem Willen vollkommen entspricht.
Römer 12,2

Wer nur seine eigenen Anschauungen vertritt, sucht Anerkennung für sich selbst. Wer aber den ehren will, der ihn gesandt hat, der ist glaubwürdig und ohne falsche Absichten.
Johannes 7,18

MEIN GEBET

Himmlischer Vater, vergib mir, wenn ich die Sorgen anderer Menschen nicht wahrnehme. Manchmal bin ich nicht einfühlsam genug, um zu erkennen, dass es meinen Mitmenschen nicht gut geht. Manchmal kümmert es mich auch zu wenig, weil ich zu sehr mit mir selbst beschäftigt bin. Hilf mir dabei, die Bedürftigkeit anderer zu sehen. Gib mir die Kraft, ihnen meine Hand zu reichen. Inspiriere mich, sodass ich durch meine Arbeit andere ermutigen kann, sie zur Liebe ermuntere und dazu, deinen Frieden zu entdecken. Amen.

ZUM NACHDENKEN

» **Könnte sich auch mir irgendwo eine Gelegenheit bieten, durch eine veränderte Denkweise ein Zeichen in Gottes Sinne zu setzen?**

» **Wie könnte ich während meines Arbeitsalltags einfühlsamer sein, die Sorgen eines anderen Menschen erkennen oder jemand anderen zu etwas Gutem ermutigen?**

Christus hat jetzt keinen anderen Leib als euren, keine Hände außer eure. Eure Augen sind es, durch die Christi Erbarmen auf die Welt schaut. Mit euren Füßen geht er umher und tut Gutes. Mit euren Händen will er uns jetzt segnen.

Teresa von Avila

⇛ WENN AUS WASSERTROPFEN REISSENDE STRÖME WERDEN

Ein Werkzeug entscheidet nicht, wo es arbeitet. Der Meister bestimmt, wo es gebraucht wird. Wir alle sind berufen, das Licht der Welt zu sein, wo Gott uns hinstellt.
Corrie ten Boom

All unsere kleinen Handgriffe und Tätigkeiten – sie sind wie winzige Wassertropfen, welche sich verbinden. Aus vielen Tropfen werden Rinnsale, die zu Bächen und Flüssen zusammenfließen. Sie wachsen an zu reißenden Strömen und münden in den gewaltigen Ozeanen. Alles Große besteht aus kleinen Dingen, die zusammenwirken. Scheint doch manches allein noch recht unbedeutend, so fügt Gott alles wie in einem Mosaik zu einem prachtvollen Ganzen zusammen. Stück für Stück kommt eines zum anderen. Das liebevolle Werk und die hingebungsvolle Arbeit eines jeden Christen leisten ihren Beitrag zum großen Wunderwerk, zum Reich Gottes in unserer Mitte, durch das wir Gottes Herrlichkeit verkünden – – egal ob wir Pastoren oder Polizisten sind, Krankenschwestern oder Kauffrauen. Deswegen braucht Gott Sie und mich. Und zwar heute und hier. Er hat eine göttliche Absicht, er hat etwas mit Ihnen und mir vor! Es tut gut, das zu wissen. Danken wir ihm von Herzen, dass er uns in seinen Dienst ruft. In Gottes heiligem Plan sind wir alle wichtig und nützlich. Gott zählt auf jeden Einzelnen. Jeder von uns darf sich ihm zur Verfügung stellen, um an seinem Platz und durch seiner Hände Werk Gottes Herrlichkeit zu bezeugen.

Wir Christen sind sein Werkzeug in dieser Welt. Wir sind seine Hände und Finger, ja, wir sind der Leib Christi. Gott hat uns vielseitig und individuell mit Talenten und Stärken ausgestattet. So kann ein jeder gewinnbringend seinen eigenen Teil zu Gottes Sache beisteuern. Jeder von uns kann einen anderen Dienst übernehmen, ganz so wie die Zellen eines Körpers:

„So wie euer Körper viele Teile und jeder Körperteil seine besondere Funktion hat, so verhält es sich auch mit dem Leib Christi. Wir sind alle Teile seines einen Leibes, und jeder von uns hat eine andere Aufgabe zu erfüllen. Und da wir alle in Christus ein Leib sind, gehören wir zueinander, und jeder Einzelne ist auf alle anderen angewiesen. Gott ist gnädig und hat uns unterschiedliche Gaben geschenkt. Hat Gott dir zum Beispiel die Gabe der Prophetie gegeben, dann wende sie an, wenn du überzeugt bist, dass Gott durch dich redet. Besteht deine Begabung darin, anderen zu dienen, dann diene ihnen gut. Bist du zum Lehren berufen, dann sei ein guter Lehrer. Wenn du die Gabe hast, andere zu ermutigen, dann mach es auch! Wer Geld hat, soll es aus freien Stücken und mit anderen teilen. Hat Gott dir die Fähigkeit verliehen, andere zu leiten, dann nimm diese Verantwortung ernst. Und wenn du die Begabung hast, dich um andere, die es nötig haben, zu kümmern, sollst du es mit fröhlichem Herzen tun" (Römer 12,4-8).

Gott hat also jeden Menschen mit persönlichen Gaben beschenkt und weist ihm seinen individuellen Platz im Leben und in der Arbeit zu. Auf diese Weise kann er durch uns hindurch an vielen verschiedenen Orten und auf ganz unterschiedliche Art vielseitig in der Welt wirken – und nicht alles ist für unsere Augen sichtbar. Doch nicht wir sind in Wahrheit die Arbeitenden. Christus arbeitet in uns und durch uns. Gott will uns für seinen göttlichen Plan nutzen. Die Frucht unserer Arbeit und unseres Dienstes ist die Verbreitung der Liebe Gottes in der Welt. Seien wir einsatzbereit und fruchtbar!

INSPIRATIONEN AUS DER BIBEL

Stellt euch stattdessen ganz Gott zur Verfügung, denn es ist euch ein neues Leben geschenkt worden. Euer Körper soll ein Werkzeug zur Ehre Gottes sein, sodass ihr tut, was gerecht ist.

Römer 6,13

Deshalb gehorcht Gott voller Achtung und Ehrfurcht. Denn Gott bewirkt in euch den Wunsch, ihm zu gehorchen, und er gibt euch auch die Kraft zu tun, was ihm Freude macht.

Philipper 2,12-13

Jesus erwiderte: „Das Reich Gottes wird nicht durch sichtbare Zeichen angekündigt. Ihr werdet nicht sagen können: ‚Hier ist es!', oder: ‚Es ist dort drüben!' Denn das Reich Gottes ist mitten unter euch."

Lukas 17,20-21

MEIN GEBET

Groß bist du, Gott, und groß ist deine Herrlichkeit! Du hast mit mir etwas vor. Du hast einen heiligen Plan für deine geliebten Kinder, auch für mich. Es tut gut zu wissen, dass du mich brauchst und dass ich dir wichtig bin. Schenke mir Freude an der Arbeit und das Bewusstsein, dass ich dir mit meiner Tätigkeit dienen kann, auch wenn mir das manchmal schwerfällt zu glauben und ich nicht immer direkte Resultate sehe. Segne mein Tun. Hilf mir heute und jetzt, für dich zu wirken und deinen Willen geschehen zu lassen. Ich danke dir für meine Talente und dafür, dass ich dir dienlich sein darf. Danke, dass du durch mich in der Welt wirkst. Amen.

ZUM NACHDENKEN

» **Wie kann mein normaler Arbeitstag zu einem Tag im Dienste Gottes werden?**

» **Erledige ich meine Arbeit in dem Bewusstsein, damit auch Gott zu dienen?**

» **Gibt es etwas, das mich davon abhält, meine Arbeit zu Gottes Ehren auszurichten?**

⇛ DIE KRAFT DES AUGENBLICKS

Wie sind Gottes Werke beschaffen? Wenn ich Gottes Schöpfung, die Natur und die Menschen betrachte, wird mir bewusst: Gott beginnt im Kleinen, oft sogar unbemerkt und unscheinbar. Riesige Bäume sprießen und erwachsen aus winzigen Samen. In beinahe unmerklichen und kleinen Schritten gedeihen sie über viele Jahre hinweg. Wenn wir es nicht besser wüssten – wer hätte schon solch eine bestaunenswerte Entwicklung von einem einzigen Samenkorn erwartet?

Ein Menschenleben beginnt – für uns nicht sichtbar – als kleiner Zellklumpen im Bauch der Mutter. Selbst Jesus, der Sohn Gottes und unser Erlöser, fing so klein an und kam als Baby zur Welt. Ein Kind, das später durch seine Liebe die Vergebung der Sünden der ganzen Menschheit bewirkt.

Offenbar liebt Gott den leisen Auftakt und das allmähliche Wachsen, aus dem nach und nach etwas Grandioses reift. Jesus selbst vergleicht das Reich Gottes mit einem winzigen Saatkorn: „Es ist wie ein winziges Senfkorn, das ein Mann in seinem Garten aussät. Aus dem kleinen Senfkorn wird ein großer Baum, in dem die Vögel ihre Nester bauen“ (vgl. Markus 4,30-32). Aus Kleinem wird allmählich Großes. Auf diese Art schafft Gott seine Werke. Er ist geduldig und beharrlich. Und wir tun es ihm in unserer Arbeit gleich. Auch wir erschaffen Schritt für Schritt und schreiten in kleinen Etappen voran. Manchmal ist es mühsam und der Fortschritt ist kaum zu erkennen. Beständig setzen wir jedoch unsere Arbeit fort. Stein für Stein baut der Maurer sein Haus, Stich für Stich näht die Schneiderin die Naht und Buchstabe für Buchstabe schreibe ich diesen Text.

Gott gibt den Dingen Zeit zu reifen und zu wachsen. Geduldig wartet er, dass jeder einzelne scheinbar unbedeutende Schritt oder Handschlag seinen Beitrag zum Gesamtwerk bringt. Die Kraft liegt im Detail und in jedem einzelnen Augenblick.

Wir sollten das Kleine und Geringe schätzen. Die Sorgfalt und die Liebe zum Detail machen kleine Schritte möglich, aus denen Großes erwachsen wird.

INSPIRATIONEN AUS DER BIBEL

[Jesus] fragte weiter: „Wie kann ich das Reich Gottes noch beschreiben? Es ist wie Sauerteig, den eine Frau zum Brotbacken verwendet. Auch wenn sie eine große Menge Mehl benutzt, durchdringt der Sauerteig den ganzen Teig."
Lukas 13,18-21

Das Ende einer Sache ist besser als ihr Anfang.
Geduld ist besser als Selbstherrlichkeit.
Prediger 7,8

MEIN GEBET

Himmlischer Vater, ich danke dir für jeden kleinen Moment und jeden kleinen Arbeitsschritt, denn ich habe erkannt, dass daraus Größeres erwachsen kann. Schenke mir Geduld, sodass ich mit Sorgfalt und Liebe zum Detail deine große Liebe im Kleinen verkünde. Amen.

ZUM NACHDENKEN

- **Bin ich manchmal ungeduldig oder gebe zu früh auf?**
- **In welchen Arbeitsbereichen könnte ich möglicherweise noch Größeres erreichen, wenn ich mehr Geduld oder Beharrlichkeit aufbringen würde?**

⇛ GOTT ALS BOSS

Mein Chef ist der beste Chef der Welt. Er führt und leitet mich und ist doch nicht mein Vorgesetzter, denn niemand hat ihn mir „vorgesetzt". Ich habe ihn aus freien Stücken selbst gewählt – genau wie meine unzähligen christlichen Kollegen.

Wir sind sozusagen Kollegen im Geiste. Gott hat uns die Wahl gelassen, ihn vertrauensvoll als unseren Lebenschef, unseren Gott und Vater anzunehmen. Dieser Chef bietet uns nämlich Entscheidungsfreiheit. Ihm schenken wir unser Herz und rücken ihn an die erste Stelle. Als Christen sind wir zuallererst einmal Gottes Arbeiter und Mitarbeiter, unabhängig von unserem „irdischen" Arbeitsplatz. Er ist unser wahrer „Boss". Sein Wille geschehe.

Für Gott zu arbeiten ist nicht anstrengend, sondern ein lohnenswertes, Freude bringendes Sein und Tun, obwohl es so manche Herausforderung bereithält. Ein Mitarbeiter Gottes ist jemand, der danach strebt, den Willen Gottes zu erfüllen und ein Zeugnis von seiner Liebe und Güte zu sein. Rund um die Uhr, für vierundzwanzig Stunden am Tag. Das Christsein ist ein wahrer Vollzeitjob. Oder viel besser und treffender gesagt: Es ist ein Vollzeitvergnügen! Denn Gott

schenkt uns dafür seinen Segen und ein lebendiges Herz voller Liebe und Freude.
Gott ist ein ziemlich guter Chef, denn er ist gleichzeitig unser Vater und wir können zu ihm kommen wie Kinder. Er hat unser Wohlergehen im Sinn. Das heißt jedoch nicht, dass uns dadurch alles leichtfällt. Manchmal fordert Gott uns mit schwierigen Aufgaben und Entscheidungen heraus. Er lässt uns damit aber nicht alleine. Er ist ein Boss, bei dem wir Rat einholen können, wenn wir nicht mehr weiterwissen. Immer können wir uns an ihn wenden, denn er legt nie eine Pause in seiner Beziehung zu uns ein, ob wir nun gerade arbeiten oder faulenzen. Er liebt uns und wir haben für ihn die höchste Priorität!
Er ist kein Gott für das Wochenende. Bei ihm gibt es keine Öffnungszeiten oder Sprechstunden, keine Mittagspause und keinen Feierabend. Er macht keinen Urlaub, denn er ist der „Ich bin da". Nicht nur sonntags oder wenn wir beten, sondern immer. Fantastisch, oder?
Gott ist ein Boss, der motiviert und inspiriert. Er spornt uns an, unser Talent einzusetzen und uns zu unseren größten Leistungen und besten Taten aufzuschwingen. Hocherfreut stimmt er in unseren Jubel mit ein, wenn unsere Arbeit gelingt. Doch selbst dann, wenn wir uns erfolglos abmühen, wenn wir

Fehler machen oder nicht in seinem Sinne handeln, wendet Gott sich nicht von uns ab. Er erwartet nicht, dass wir immer gut funktionieren. Er ist keiner von denen, welche uneingeschränkt gute Leistung erwarten oder unsere Unzulänglichkeiten bemängeln. Fühlen wir uns einmal überfordert, dann dürfen wir sogar klagen, uns beschweren und mit ihm hadern. Bei Gott ist es erlaubt, zu schwächeln. Denn er ist auch ein Boss, der freundlich, geduldig und nachsichtig mit uns umgeht. Wir persönlich sind ihm wichtiger als unsere Arbeit. Er hat keine Launen oder schlechten Tage. Wir müssen bei ihm nicht, wie bei so manch menschlichem Vorgesetzten, eine gute Stimmung abpassen, um etwas anzusprechen oder um etwas zu bitten.

Er hört unsere Klage, nimmt unsere Sorgen wahr und spricht uns bestärkend Mut zu. Auf ihn können wir vertrauen und daran glauben, dass er uns die Kraft gibt, innerlich stark zu werden.

Wenn es uns an Inspiration oder Motivation mangelt oder vieles trotz guter Absichten nicht gelingen will, so gibt Gott uns nicht auf. Seine Beziehung zu uns ist unendlich beständig. Eine Kündigung – bei Gott, unserem Lebenschef, gibt es so etwas nicht! Dieser Boss ist einzigartig und bleibt uns lebenslang treu.

INSPIRATIONEN AUS DER BIBEL

Gott segnet die, die erkennen, dass sie ihn brauchen, denn ihnen wird das Himmelreich geschenkt.
Matthäus 5,3

Wenn wir leben, leben wir, um dem Herrn Freude zu machen, und wenn wir sterben, sterben wir, um beim Herrn zu sein. Ob wir nun leben oder sterben: Wir gehören dem Herrn.
Römer 14,8

MEIN GEBET

Guter Vater, geheiligt werde dein Name. Dir gehört mein Leben, in deine Hände lege ich meine ganze Zeit, sowohl meine Freizeit wie auch meine Arbeitszeit. Du bist mein Boss. Das Wichtigste in meinem Leben bist du und sollst es immer sein. Daran will ich mich wieder und wieder erinnern. Hilf mir, dich stets im Blick zu haben und zu meiner höchsten Priorität zu machen. Nach dir sehnt sich mein Herz. Ich danke dir, dass du immer für mich da bist, nachsichtig mit mir bist, mich anspornst und bestärkst und dass ich zu dir kommen kann wie ein Kind. Amen.

ZUM NACHDENKEN

» **Was schätze ich besonders daran, dass Gott mein Boss ist?**
» **Empfinde ich meine Beziehung zu Gott als eine Vollzeitbeziehung oder findet sie nur zu besonderen Zeitpunkten statt?**
» **Welche Bibelstellen oder Gleichnisse sind für mich hilfreich als eine Stütze, um Gott immer wieder neu als Chef in meinem Leben zu wählen?**

⇛ HERR OBER, DIESES STRAHLEN, BITTE!

Es gibt wundervolle Menschen, die es schaffen, Gottes helles Leuchten auf eine einfache und schöne Weise in die Welt zu transportieren. Es gibt Leute, die ihre Arbeit mit unglaublicher Freude und Begeisterung angehen. Das sind diejenigen, die ihre Umwelt neugierig darauf machen: Was für ein herrlicher Gott ist das, der solche Freude bringt? Ich glaube, diese strahlenden Menschen sind zwar selten anzutreffen, aber prinzipiell an jedem erdenklichen Ort, und meist begegnen sie uns ganz unerwartet und unverhofft.

Der Kellner an unserem Tisch war so jemand. Er war offensichtlich so ganz anders als die restlichen Bedienungen in diesem einen Café. Seine Kollegen und Kolleginnen hetzten mit mürrischem Gesichtsausdruck sichtlich unerfreut hin und her. Sie waren nicht mit Spaß bei der Sache oder auch einfach sehr gestresst. Denn es gab viel zu tun: Das Café war gut besucht und an fast allen Tischen hatten Gäste Platz genommen. Eigentlich ein Grund zur Freude, denn das bedeutete doch ein gutes Geschäft. Aber es führte wohl auch zu einer gehörigen Menge Stress und Unmut.

Einer der Gäste rief ungehalten: „Wann bekomme ich endlich mein Essen? Warum dauert das so lange? Ich warte schon seit über vierzig Minuten! Am liebsten würde ich es mir selber aus der Küche holen." Statt einer Antwort brummelte die Kellnerin genervt etwas vor sich hin und hastete mit einem Kopfschütteln zur Küche. Was immer sie auch dachte, es waren sicherlich keine freundlichen Gedanken.
Inmitten dieser hektischen und angespannten Atmosphäre hatten wir also nun außerordentliches Glück. An unserem Tisch stand nämlich seelenruhig dieser besondere Mann und hieß uns willkommen. Lächelnd nahm er unsere Bestellung auf. Wir spürten, er meinte es ernst: In seinen Augen waren wir liebenswerte Gäste. Er betrachtete uns nicht als irgendwelche fremden Leute, die ihm Stress verursachten. Inmitten dieser Wüste aus Lustlosigkeit und Unfreundlichkeit genossen wir eine Oase der Liebenswürdigkeit. Der Kellner vermittelte uns das Gefühl, dass wir wichtig waren und als Personen wahrgenommen wurden. Seine Freundlichkeit war so außergewöhnlich, dass sie mich schier verblüffte. Sie kam von innen heraus und war nicht aufgesetzt, sondern herzlich und ehrlich, voller Freude. Dieser Mann bildete einen herausragenden Kontrast zu seiner Umgebung. „Herr Ober, eine große Portion von

diesem inneren Strahlen, bitte", hätte ich am liebsten bestellt.

Als wir ihn darauf ansprachen und ihm wünschten, er möge diese Ausstrahlung immer behalten, antwortete er: „Gott schenkt mir die Heiterkeit und Leichtigkeit bei der Arbeit und im Leben. Deswegen bin ich meistens froh und erfreue mich an meiner Arbeit, auch wenn sie einmal schwer ist."

Wir waren überrascht, in diesem Café auf einen christlichen Kellner zu treffen. Dieser ungewöhnliche Mann war so beseelt vom Heiligen Geist, dass der Frohsinn ihn förmlich übermannte. Die schlechte Stimmung seiner Kollegen konnte ihn nicht anstecken, und die Hektik seines Arbeitsplatzes konnte ihn nicht erschüttern. Im Gegenteil, er war sogar ausgesprochen froh und mit Spaß bei der Arbeit. Er war so mit innerer Heiterkeit gesegnet, dass in seinem Herzen für schlechte und negative Gefühle kein Platz mehr war.

Gott hat diesem Mann einen Arbeitsplatz in einem Café zugewiesen, wo er vielen Menschen begegnet und mit seiner Herzlichkeit und Freundlichkeit richtiggehend heraussticht. Doch er muss kein Einzelfall sein – Gott kann das mit einem jeden von uns machen, der sich ihm wahrhaft zur Verfügung stellt. Wenn wir uns ihm voller Vertrauen zuwenden und

in tiefem Glauben an Jesus Christus leben, dann schenkt Gott uns eine innige Freude - nicht zu verkennen und für alle sichtbar.
Es bewegt mich, wenn Gott einen Menschen so zum Leuchten bringt. Es bewegt mich, was für ein guter Botschafter der Herrlichkeit Gottes dieser Kellner ist - einzig und allein durch seine warme und freundliche Ausstrahlung. Die Begegnung mit diesem Mann hat mich beeindruckt und wird mir in Erinnerung bleiben. Ich wünschte mir, viel mehr solcher Menschen im täglichen Leben anzutreffen und über ihr helles Leuchten staunen zu dürfen. Und letztendlich wünsche ich mir auch selbst ein solch standfestes Strahlen.

INSPIRATIONEN AUS DER BIBEL

Wenn du vom Licht erfüllt bist und keine Bereiche mehr dunkel in dir sind, dann wird dein ganzes Leben leuchten, als würde ein strahlendes Licht auf dich scheinen.
Lukas 11,36

Freut euch im Herrn. Ich betone es noch einmal: Freut euch! Lasst alle sehen, dass ihr herzlich und freundlich seid.
Philipper 4,4-5

MEIN GEBET

Großer Gott, du bringst Menschen zum Leuchten. Auch ich möchte ein freudiger Botschafter deiner großartigen Herrlichkeit sein. Erfülle mich mit deinem Heiligen Geist, dass er mich mit Freude und innerer Heiterkeit beschenke. Ich möchte innerlich leuchten und andere Menschen damit anstecken. Amen.

ZUM NACHDENKEN

- » Welche Menschen mit einer ähnlichen Ausstrahlung sind mir schon begegnet?
- » Wie sieht es mit meinem Herzen aus? Ist es auch mit Freude und innerer Heiterkeit gefüllt? Welche anderen Gefühle haben darin noch Platz?
- » Hatte ich schon einmal eine solche innere Freude in mir, die auch durch äußere Umstände nicht erschüttert werden konnte?

⇛ GUTEN MORGEN, LIEBE SORGEN

Liebevoll zu handeln ist keine Verpflichtung, die uns auferlegt wird. Es kommt aus unserem Herzen. Denn die Liebe ist ein wunderbares Geschenk Gottes, das er in unsere Herzen gelegt hat. Unglücklicherweise vergessen wir das so manches Mal. Denn wir überlagern die Liebe mit Ängsten und Sorgen. Wir verschütten unsere Herzen mit Alltagslasten, mit all dem Großen und Kleinen, was uns bedrückt. Diesen Dingen schenken wir oft viel zu viel Beachtung.

Sorgen sind ein Teil unseres Lebens und unserer Arbeit und sie werden es immer sein. Sie gehören einfach dazu. Der Apostel Paulus lehrt uns, sie zu begrüßen und froh und dankbar anzunehmen.

„Wir freuen uns auch dann, wenn uns Sorgen und Probleme bedrängen, denn wir wissen, dass wir dadurch lernen, geduldig zu werden. Geduld aber macht uns innerlich stark, und das wiederum macht uns zuversichtlich in der Hoffnung auf die Erlösung. Und in dieser Hoffnung werden wir nicht enttäuscht werden" (Römer 5,3-5).

Eine Sorge ist hilfreich, wenn sie uns aufmerksam, bedächtig und vorsichtig macht, wenn sie uns also zur Vorsorge anregt. Sie soll aber nicht beginnen, an uns zu nagen, und uns schon gar nicht auffressen.

Wir dürfen uns kümmern, aber sollten uns nicht bekümmern lassen. Jesus erinnert uns daran, dass Angst und Sorge die Liebe im Herzen verdrängt. Wir können entweder in der Liebe verwurzelt sein oder in der Sorge. Deswegen ruft Jesus: Macht euch frei von der Sorge! Er warnt uns im Gleichnis vom Sämann: Die Alltagssorgen können verhindern, dass in uns die Frucht der guten Botschaft reift. „Der mit Dornen bewachsene Boden verweist auf die Menschen, die die gute Botschaft hören und annehmen, doch sie wird von Alltagssorgen, den Verlockungen des Reichtums und dem Verlangen nach schönen Dingen übertönt, sodass keine Frucht daraus entstehen kann“ (Markus 4,17).
Sorgen am Arbeitsplatz sind leider immer da. Meine persönlichen Sorgen drehen sich beispielsweise vor allem darum, was andere von mir denken oder erwarten: Ich habe Angst davor, nicht zu genügen, große Fehler zu machen oder dass meine Schwächen aufgedeckt werden. Ich soll diese Sorgen aufmerksam sehen und anerkennen, aber ich darf sie nicht hegen und pflegen. Gedanken führen irgendwann immer zu Taten – und sorgenvolle Gedanken verursachen die falschen Handlungen. Verwurzeln wir stattdessen unser Herz in der Liebe! Sie soll uns unsere Taten eingeben. Denn was immer in unserem

Herzen ist, es bestimmt unser Reden und unser Handeln. Noch einmal: Angst oder Sorge verschließt und verhärtet unsere Herzen. Wenn wir davon bestimmt werden, haben wir etwas Wichtiges aus den Augen verloren: Wir dürfen getrost alle unsere Sorgen an Gott abgeben. So werden sie ihre Wirkung verlieren. Gott verspricht, uns mit allem zu versorgen, was wir brauchen. Wenn uns Kummer bedrückt, so können wir Trost finden in Gottes Versprechen und in seiner Herrlichkeit. Wenn wir leiden und es uns nicht gut geht, so dürfen wir darauf vertrauen, dass Gott uns wieder aufbauen, stärken und kräftigen wird (vgl. 1. Petrus 5,10). Die Bibel ist reich gefüllt mit Stellen zum Thema Sorge – vielleicht deshalb, weil Letztere uns eben so oft im Wege stehen.

„Dann sagte Jesus: ‚Kommt alle her zu mir, die ihr müde seid und schwere Lasten tragt, ich will euch Ruhe schenken. Nehmt mein Joch auf euch. Ich will euch lehren, denn ich bin demütig und freundlich, und eure Seele wird bei mir zur Ruhe kommen. Denn mein Joch passt euch genau, und die Last, die ich euch auflege, ist leicht'"(Matthäus 11,28-30). Im Vertrauen auf Gott dürfen wir einer Situation unvoreingenommen begegnen. Er möchte, dass wir von Freude erfüllt sind, nicht von Ängsten.

INSPIRATIONEN AUS DER BIBEL

Überlasst all eure Sorgen Gott, denn er sorgt sich um alles, was euch betrifft!
1. Petrus 5,7

Und ich bete, dass Christus durch den Glauben immer mehr in euren Herzen wohnt und ihr in der Liebe Gottes fest verwurzelt und gegründet seid.
Epheser 3, 17

MEIN GEBET

Jesus, vergib mir, wenn Sorgen und Ängste das Motiv für meine Worte und Taten sind. Ich weiß, dass sie ein schlechter Nährboden sind. Ich möchte nicht, dass deine gute Botschaft von Alltagssorgen überdeckt wird. Ich will in deiner Liebe verwurzelt sein. Jesus, decke auf, wo ich von Sorgen und Ängsten gelenkt werde. Schenke mir Zuversicht und fülle mich mit innerer Heiterkeit, sodass kein Raum für Negatives bleibt. Hilf mir, dass meine Gedanken um dich kreisen und dass ich nicht von Ängsten in die Irre geführt werde. Schenke mir Worte und Gedanken, die mich trösten und leiten. Durch dich lerne ich, Sorgen anzuerkennen, aber ihnen keinen Raum in meinem Herzen zu lassen. Jesus, ich danke dir aus tiefstem Herzen dafür. Sende mir deinen Heiligen Geist und lass ihn durch mich wirken, um all meine Handlungen und Reaktionen aus der Liebe und Freude heraus entstehen zu lassen. Amen.

ZUM NACHDENKEN

» **An welche Arbeitshandlungen kann ich mich erinnern, bei denen ich stärker von der Angst bestimmt war als von der Liebe?**

» **Welches sind meine größten Sorgen bezüglich meiner Arbeit – was kann ich an Gott abgeben?**

⇛ DAS LICHT DER WELT

In einem nichtchristlichen Umfeld zu arbeiten, kann für uns eine wunderbare Gelegenheit und eine Bereicherung sein. Gott möchte, dass Christen sich unter Nichtchristen mischen, denn Gott begegnet uns in unseren Mitmenschen und durch uns begegnet er ihnen. Wenn ein Christ seinem Mitmenschen freundlich die Hand reicht, so setzt er dadurch ein Zeichen Gottes. Wir sollen nicht vor der irdischen, nichtchristlichen Welt davonlaufen, sondern teilnehmen an ihrer Gestaltung im Vertrauen auf Gottes unerschöpfliche Liebe und Freude. Jesus hat in der Bergpredigt eine Aufforderung an uns formuliert:
„Ihr seid das Licht der Welt – wie eine Stadt auf einem Berg, die in der Nacht hell erstrahlt, damit alle es sehen können. Versteckt euer Licht nicht unter einem umgestülpten Gefäß! Stellt es lieber auf einen Lampenständer und lasst es für alle leuchten. Und genauso lasst eure guten Taten leuchten vor den Menschen, damit alle sie sehen können und euren Vater im Himmel dafür rühmen“ (Matthäus 5,16). Der Kellner, von dem ich berichtet habe, ist ein leuchtendes Beispiel dafür. Er hat sich seinem Umfeld nicht angepasst, sondern der Welt durch die Freude, die er ausstrahlte, Jesus gezeigt (auch wenn

das sicherlich nicht jedem Gast klar war). Eine Freude, die auch aus der kleinsten Tat herausleuchtet, kann jeden Ort der Welt erhellen. Und wo es finster ist, da bringt schon ein kleines und schwaches Licht deutliche Helligkeit.

Gerade dort, wo die Unterschiede zwischen Welt und Reich Gottes besonders groß sind, gibt es gute Kontrasteffekte. Es fällt auf, wenn jemand leidenschaftlich entflammt ist, mit Begeisterung und großer Ruhe bei der Sache, und dabei vielleicht noch anderen guttut. Das ist unsere Möglichkeit und Chance als Christen in der Welt: Gottes Liebe hinauszutragen und die Nichtgläubigen in Staunen über ihn zu versetzen.

Vielleicht kann auch ich meinen Teil dazu beitragen, die Herzen meiner Mitmenschen zu erweichen und für Gottes Liebe zu öffnen, wenn sie mein mattes Schimmern wahrnehmen.

INSPIRATIONEN AUS DER BIBEL

Auch wenn es früher in euch finster war, seid ihr jetzt vom Licht des Herrn erfüllt; deshalb lebt nun auch als Kinder des Lichts! Denn dieses Licht in euch bringt lauter Güte, Gerechtigkeit und Wahrheit hervor.
Epheser 5,8-9

Lebt klug unter den Menschen, die keine Christen sind, und macht aus jeder Gelegenheit das Beste!
Kolosser 4,5

Wer sich aber nach der Wahrheit ausrichtet, tritt ans Licht, und jeder kann sehen, dass er in Verantwortung für Gott handelt.
Johannes 3,21

MEIN GEBET

Mein Gott, vergib mir, wenn mein Leuchten schwach und mein Schimmern kaum zu sehen ist. Entfache du ein Feuer der sanften, fröhlichen Leidenschaft in mir, sodass ich hell erstrahle wie eine Flamme in der Nacht und deine Größe und dein Licht verkünde. Lass mich durch deine Liebe leuchten wie die Sterne am Himmel. Schicke mir deinen Heiligen Geist und gib mir Kraft und Freude, damit ich der Welt durch meine Arbeit ein Licht im Dunkeln werde. Amen.

ZUM NACHDENKEN

- **Wie stark brennt das Feuer Gottes in mir? Hat Gott meine sanfte Leidenschaft schon entfacht?**
- **Bin ich am Arbeitsplatz schon mal ein leuchtendes Beispiel der Freude gewesen? Wenn nicht: Warum? Was könnte ich daran ändern?**
- **Habe ich durch mein Freudestrahlen jemanden neugierig auf Gott gemacht?**

⇛ EIN AUSGEMACHTER TYRANN

„Sie kommen ja noch immer hierher. Dann muss ich wohl wieder ihr Gesicht ertragen!“, waren seine ersten groben Worte statt einer freundlichen Begrüßung.

Doch Magdalena lächelte nur freundlich und zog dann energisch die schweren Vorhänge zur Seite, um Licht in den Raum zu lassen.

Der Patient war ein ausgemachter Tyrann und unberechenbar in seinen Launen. Nie war ihm etwas recht. Nur das Nörgeln schien ihm noch Spaß zu machen. An seinen guten Tagen schimpfte er über die „Grütze“, die es zu essen gab: „Das kann man noch nicht mal seinem Hund vorsetzen!“, und frotzelte über Magdalenas Haare: „Ein kräftiger Regenguss würde Ihrer Frisur nur guttun.“ An schlechten Tagen fluchte er beinahe unentwegt und beschimpfte sie regelrecht. Sanftmütig überhörte Magdalena dann seine Flüche und Beleidigungen. Manchmal nässte er sein Bett absichtlich ein oder warf einen Pantoffel nach ihr. Er suchte nach Möglichkeiten, sie zu provozieren. Schon einige Pfleger und Pflegerinnen hatte er mittlerweile verschlissen. Über zwei hatte er sich beschwert und mitteilen lassen, er wolle sie nicht mehr um sich haben. Sie sagten ihm nicht zu. Die anderen aber hatten nach kurzer Zeit selbst entschieden, nicht mehr zu ihm zu kommen. Keiner hatte es lange mit ihm ausgehalten. Dieser Patient war einfach schwer zu ertragen.

Er war einsam und hatte keine Angehörigen mehr. Niemand besuchte ihn jemals. Magdalena aber kam jeden Tag. Oft kostete es sie Kraft und der Umgang mit diesem schwierigen Kranken fiel ihr nicht leicht. Und doch versorgte sie mit einer Engelsgeduld seine Wunde. Von seinem linken Fuß fehlte die Hälfte – eine alte Kriegsverletzung. Niemals sprach er darüber. Die Wunde war nie richtig ausgeheilt und entzündete sich regelmäßig aufs Neue. Seit vier Jahrzehnten bereitete sie ihm große Schmerzen und seit einigen Jahren verschlechterte sich ihr Zustand zunehmend. Magdalena desinfizierte sie und wechselte sorgfältig den Verband. „Aufgepasst und nicht so grob mit Ihren dicken Fingern", grummelte er dann. Nie hatte sie das Wort „danke" aus seinem Munde gehört. Den größten Teil des Tages verbrachte er im Bett. Was sollte er auch machen? Er konnte nur wenige Schritte alleine gehen. Selten hatte er ein Lächeln auf den Lippen oder zeigte Freude an Magdalenas Zuwendung.

„Ich habe heute Morgen für Sie gebetet", sagte sie manchmal nachsichtig zu ihrem Patienten, wenn sie ihm das Essen servierte, woraufhin er stets starr und schweigsam auf seinen Teller blickte. Beharrlich tat sie ihm Gutes.

Als er nach einigen Monaten schließlich verstarb, stand sie an seinem Totenbett, und Tränen rollten über ihre Wangen. Der Pfarrer dankte ihr für ihre Arbeit, fragte sich aber insgeheim auch, wie Magdalena nach all den Mühen und Schwierigkeiten mit diesem Patienten noch Trauer aufbringen konnte.

Woher Magdalena die Kraft für ihre Arbeit und die Liebe für den Patienten nahm? Jesus hat sie ihr geschenkt. Für Jesus und gleichzeitig an Jesus hat die Pflegerin Magdalena gehandelt, gemäß seiner Worte: „Ich versichere euch: Was ihr für einen der geringsten meiner Brüder und Schwestern getan habt, das habt ihr für mich getan!" (Matthäus 25,40).

In dem unerträglichen Patienten hat Magdalena ein Kind gesehen, das von Gott maßlos geliebt wird. Durch Jesus hat sie das verschlossene Herz und die Bedürftigkeit ihres Patienten erkannt. So wurde dieser schwierige Pflegefall für sie vor allem zu einem Menschen, der sich nach Liebe sehnt und mit seinen Ängsten kämpft. Magdalena hat ihren tyrannischen Patienten mit Jesu Augen betrachtet. Sie hat verstanden, dass jeder Einzelne hilfs- und heilungsbedürftig ist. Welche Liebe – statt diesen übel gelaunten Alten zu verurteilen, hat sie für ihn gebetet! Mit Jesus im Herzen ist Magdalena ihrem Mitmenschen in Liebe gegenübergetreten. Mit Sanftmut, Barmherzigkeit und Güte hat sie sich seiner angenommen und Gottes Namen alle Ehre gemacht.

Magdalena hat nicht nur für und an, sondern auch *mit* Jesus gehandelt. Durch ihn hat sie ausreichend Kraft und Liebe für ihre Arbeit gewonnen. Magdalenas Beispiel soll uns nicht entmutigen, weil wir vielleicht denken, dass wir selbst nicht an sie heranreichen können. Es soll uns vielmehr ermutigen, Christus nachzufolgen. Wir werden nie sein wie er – das können wir wohl nicht. Aber er kann uns die Liebe und die Freude schenken und zusätzlich die Kraft dafür, ihm nachzueifern.

INSPIRATION AUS DER BIBEL

„Ich aber sage: Liebt eure Feinde! Betet für die, die euch verfolgen! So handelt ihr wie wahre Kinder eures Vaters im Himmel. Denn er lässt die Sonne für Böse und Gute aufgehen und sendet Regen für die Gerechten wie die Ungerechten. Wenn ihr nur die liebt, die euch auch lieben, was ist daran Besonderes? Das tun sogar die bestechlichen Steuereintreiber. Wenn ihr nur

zu euren Freunden freundlich seid, wodurch unterscheidet ihr euch dann von den anderen Menschen? Das tun sogar die, die Gott nicht kennen. Ihr sollt aber vollkommen sein, so wie euer Vater im Himmel vollkommen ist."
Matthäus 5,44-48

„Denn ich war hungrig, und ihr habt mir zu essen gegeben. Ich war durstig, und ihr gabt mir zu trinken. Ich war ein Fremder, und ihr habt mich in euer Haus eingeladen. Ich war nackt, und ihr habt mich gekleidet. Ich war krank, und ihr habt mich gepflegt. Ich war im Gefängnis, und ihr habt mich besucht."
Dann werden diese Gerechten fragen: „Herr, wann haben wir dich jemals hungrig gesehen und dir zu essen gegeben? Wann sahen wir dich durstig und haben dir zu trinken gegeben? Wann warst du ein Fremder und wir haben dir Gastfreundschaft erwiesen? Oder wann warst du nackt und wir haben dich gekleidet? Wann haben wir dich je krank oder im Gefängnis gesehen und haben dich besucht?" Und der König wird ihnen entgegnen: „Ich versichere euch: Was ihr für einen der geringsten meiner Brüder und Schwestern getan habt, das habt ihr für mich getan!"
Matthäus 25,35-40

MEIN GEBET

Jesus, vergib mir, wenn ich über meine Mitmenschen schlecht urteile oder wenn ich Gutes an ihnen unterlasse. Deine Liebe ist größer, als ich je begreifen werde. Ich selbst bin oft schwach. Vergib mir bitte, wenn ich daran scheitere, meinen Mitmenschen deine Liebe zu erweisen. Gib mir die Kraft des Heiligen Geistes, innerlich stark zu sein und meinen Nächsten gegenüber barmherzig zu werden. Schenke mir Sanftmut, Milde und Güte für meine Arbeit. Nimm mir die Härte und erweiche mein Herz, sodass ich nachsichtig und gütig mit meinen Nächsten umgehe. Segne meine Arbeit und all mein Handeln. Was immer ich tue, ich will es mit dir und für dich tun. Hilf mir, auch meine Feinde zu lieben. Amen.

ZUM NACHDENKEN

» **Wem gegenüber sollte ich bei meiner Arbeit Sanftmut und Güte walten lassen?**

» **Warum fällt es mir schwer, bestimmte Kollegen, Kunden oder Patienten zu lieben? Will ich daran etwas ändern?**

⇛ NEUE MASSSTÄBE

Ich habe einen Kollegen, der sehr hilfsbereit sein kann. Zumindest dann, wenn er sich etwas davon verspricht. Er ist ein wenig selbstbezogen und sucht gerne in allem, was er tut, seinen eigenen Vorteil. Ich würde ihn kaum als selbstlosen Wohltäter bezeichnen. Wenn ich Hilfe oder Unterstützung bräuchte – ich glaube nicht, dass ich mich an ihn wenden würde. Vermutlich würde er mich zuerst berechnend fragen: „Was bekomme ich dafür? Was habe ich davon?" Genau deswegen komme auch ich ihm ehrlich gesagt so gut wie nie oder nur widerwillig entgegen. Er hat es aus meiner Sicht schließlich nicht verdient. Soll er nur seine Arbeit alleine hinkriegen. Das ist mein persönliches, allzu menschliches Verständnis von Gerechtigkeit: „Wie du mir, so ich dir."

Ich neige oft dazu, meine Handlungen davon abhängig zu machen, wie andere mich behandelt haben. Damit werde ich leider zu einem Produkt meiner Umwelt. Ist mir gegenüber zum Beispiel jemand unfreundlich, dann fällt es mir sehr schwer, freundlich zu reagieren. Obwohl ich weiß, dass ich damit meinem Gegenüber allen Wind aus den Segeln nehmen könnte. Aber ich fühle mich persönlich angegriffen und möchte mich wehren.

Da die meisten Menschen so handeln, entsteht dadurch ein gewisser Kreislauf. Unser Miteinander wird davon geprägt, welche Erfahrungen wir mit anderen machen und was wir von ihnen empfangen haben. Doch wenn unsere Handlungen stets nur eine Reaktion auf das Verhalten anderer sind, wird das Muster niemals durchbrochen werden. Wir sind gefangen im System. Dabei könnten wir ein positives Beispiel statuieren, indem wir frei und unabhängig agieren. Warum nehmen wir uns nicht öfter die goldene Regel zu Herzen, welche Jesus uns für den Umgang mit Menschen geschenkt hat: „Geht so mit anderen um, wie die anderen mit euch umgehen sollen. In diesem Satz sind das Gesetz und die Propheten zusammengefasst“ (Matthäus 7,12)?
Das heißt nicht: Mach dein Verhalten abhängig davon, wie andere dir gegenüber gehandelt haben. Sondern: Behandle andere immer so, wie du selbst behandelt werden möchtest. Und wie wir selbst behandelt werden möchten, na, das wissen wir schließlich nur zu genau, oder?
Damit trägt Jesus uns etwas auf, was er immer getan hat – nämlich einen klaren Standpunkt zu beziehen. Auch wir können im Umgang mit Menschen entschieden Stellung nehmen, indem wir in Liebe reagieren.

Wenn wir uns von Gott angenommen wissen und in ihm ruhen, von ihm unseren Wert zugesprochen bekommen, können wir seine Liebe an andere Menschen weitergeben – und zwar ohne jede Erwartung, etwas von ihnen zurückzuerhalten. So wirkt Gott durch uns und schenkt der Welt neue Handlungsmuster.

Wir können Maßstäbe setzen, im Großen wie im Kleinen, indem wir Jesu goldener Regel folgen. Jede liebevolle Tat kann auf diese Weise große Kreise ziehen und alte Verhaltensmuster ersetzen.

INSPIRATION AUS DER BIBEL

Befreit euch von Bitterkeit und Wut, von Ärger, harten Worten und übler Nachrede sowie jeder Art von Bosheit. Seid stattdessen freundlich und mitfühlend zueinander und vergebt euch gegenseitig, wie auch Gott euch durch Christus vergeben hat.
Epheser 5,31-32

MEIN GEBET

Jesus, du hast mich einen absoluten Maßstab gelehrt. Es ist oft schwer für mich, andere Menschen so zu behandeln, wie ich behandelt werden möchte. Meist verurteile ich ihr Verhalten, und es gelingt mir nicht, ihnen entgegenzugehen, ja, ich schlage sogar zurück. Vergib mir bitte, wenn ich nicht selbstkritisch genug bin und wenn ich zu schwach bin, um den richtigen Maßstab zu setzen. Jesus, du hast sogar dein Leben für mich ohne Gegenleistung gegeben. Ich bitte dich, gib mir Kraft, anderen zu geben, ohne von ihnen empfangen zu haben. Mach mich standfest, sodass ich es schaffe, deine goldene Regel anzuwenden und neue Maßstäbe zu setzen. Amen.

ZUM NACHDENKEN

» **Wann habe ich das letzte Mal nach dem Prinzip „Wie du mir, so ich dir" gehandelt?**
» **Wann habe ich das letzte Mal Jesu Maßstab für das Miteinander gesetzt?**

⇛ TEMPO, TEMPO

„Am besten gestern", drei Worte der Beschleunigung. In anderen Firmen heißt es schleunigst, umgehend, unverzüglich, baldmöglichst, asap, pronto. Unserer Welt geht leider die Geduld aus. Die Anforderungen und Erwartungen, sowohl die eigenen wie auch die anderer, sind gestiegen und fachen das Tempo an. Das macht viele Menschen zu Getriebenen ihrer Arbeit. Getriebene rennen blindlings. Ihnen bleibt keine Zeit für Orientierung. Das ist so ähnlich, wie wenn ich in einer fremden, verkehrsreichen Stadt ein Auto steuere, während meine Mitfahrer auf dem Beifahrersitz und dem Rücksitz die Straßenkarte in der Hand halten und mir hektisch die Richtung zurufen, weil wir es eilig haben: „Gleich rechts!", oder : „Nach der Einbahnstraße links abbiegen", und: „Beeil dich, gleich wird die Ampel rot." Ich spreche aus Erfahrung - in dieser Situation gerate ich in Stress, weil ich mich bemühe, gleichzeitig die Anweisungen zu beachten und den Verkehr aufmerksam im Auge zu behalten, um keinen Unfall zu verursachen. Innere Ruhe werde ich dabei nicht bewahren. Schon gar nicht bin ich urteilsfähig, ob ich mich auf einem guten und richtigen Weg befinde.

Jeder Mensch muss sein eigenes Tempo finden. Manche laufen nun mal schneller als andere. Aber für alle gilt eines: Zwischendurch muss es Pausen geben. Wer durch das Leben hastet, entflieht dem Moment. Er oder sie plant im Kopf bereits die nächsten Aufgaben und lebt in Gedanken schon in der kommenden Zeit. Gehetzte Menschen wirken, als wären sie auf der Flucht. Ihnen bleiben keine ruhigen Momente, um sich selbst zu begegnen, ihrem Leben Orientierung zu geben oder sich zu erholen. Die Schöpfungsgeschichte erzählt davon, dass Gott sich ausruhte: „Am siebten Tag vollendete Gott sein Werk und ruhte von seiner Arbeit aus" (1. Mose 2,2). Er schaffte einen Ausgleich zur Arbeit und machte eine Pause. Und auch während der ersten sechs Tage betrachtete er zeitweilig sein Werk und: „Gott sah, dass es gut war" (1. Mose 1,12). Gott hielt also inne und schaute, ob er alles so gemacht hatte, wie es ihm gefiel. Das klingt wie ein gutes Beispiel dafür, bedacht und besonnen zu arbeiten. Statt gehetzt und getrieben alles abzuarbeiten, sollten wir hin und wieder innehalten, unser Werk betrachten und überlegen, ob es gut ist. Ob wir Gott damit erfreuen und seinen Willen erfüllen. Auch wenn unsere Welt immer mehr verlangt und Schnelligkeit und Effizienz einfordert, haben wir einen guten Grund, uns Auszeiten zu genehmigen. Wer ab und an ruht, braucht kein schlechtes Gewissen zu haben. Wir müssen nicht ständig auf der Überholspur leben und arbeiten, sondern brauchen auch die Oasen der Langsamkeit, um wieder zu innerer Ruhe zu finden. Nur dann bleiben wir auf der Spur Gottes und treiben nicht in die Hektik der Welt ab. Denn: Wir können Gott nur in der Gegenwart nahe sein. Daher ist es wichtig, durchzuatmen, sich zu sortieren und der Seele Raum zu geben. Zu jeder Arbeitszeit gehört in einem ausgewogenen Verhältnis die Pause. Gott hat es uns vorgemacht. Wenn wir lernen, innezuhalten und zu uns selbst zu kommen, dann können wir der Hektik und dem Zeitdruck unseres Arbeitslebens die Stirn bieten, ohne die Orientierung und uns selbst zu verlieren.

INSPIRATIONEN AUS DER BIBEL

Jetzt, in dieser Welt sollen wir besonnen, gerecht und voller Hingabe an Gott leben.
Titus 2,12

Denn Gott hat uns nicht einen Geist der Furcht gegeben, sondern einen Geist der Kraft, der Liebe und der Besonnenheit.
2. Timotheus 1,7

Besonnenes Handeln wird dir Schutz geben und Einsicht wird dich behüten. So wirst du vor bösen Wegen bewahrt und vor Menschen beschützt, die dich täuschen.

Sprüche 2,11-12

MEIN GEBET

Vater, manchmal bin ich getrieben von meiner Arbeitslast und den Anforderungen, die ich selbst an mich stelle und die andere an mich haben. Manchmal bin ich schwach und lasse mich von der Welt treiben, ohne mir eine Auszeit zu nehmen und mich zu fragen, ob ich noch auf dem richtigen Weg bin. Manchmal rennt mir die Zeit davon und ich renne hinterher. Oft bin ich sogar stolz darauf, so viel leisten zu können. Vergib mir bitte, wenn ich dich dann aus meinem Blick verliere. Schenke du mir die Kraft, innezuhalten und in der Hast des Alltags Ruhe zu finden. Ich danke dir, dass ich im Gebet und Gespräch mit dir wieder Orientierung finde. Ich lobe dich, Gott, in deinen Händen liegt alle Zeit, bis in Ewigkeit. Amen.

ZUM NACHDENKEN

- **Wie viel Eile und Druck kann ich wirklich aushalten, ohne Schaden zu nehmen?**
- **Entscheide ich die Geschwindigkeit meines Lebens und meiner Arbeit selbst, oder bin ich nur noch Getriebene der Außenwelt?**
- **Welcher Stress und Druck kommt von außen und welchen erzeuge ich selbst?**
- **Gibt es in meinem Leben Momente der Langsamkeit, in denen ich zu innerer Ruhe komme?**

⇛ WAS HAT SIE GEGEN MICH?

Bedrückt komme ich von der Arbeit nach Hause. Ich bin ratlos. Eigentlich macht mein Job mir Spaß und ich verstehe mich gut mit meinen Kollegen. Aber seit ein paar Wochen hat mich eine ältere Kollegin regelrecht auf dem Kieker. Ihre Aufgabe ist es, das Team zu unterstützen. Sie ist Sekretärin, Organisatorin, Assistentin und vieles mehr, alles auf einmal. Sie ist sozusagen die „gute Seele" unserer Abteilung. Nur für mich scheint sie das nicht zu sein.

Wir hatten keinen Streit und keine Meinungsverschiedenheit, zumindest kann ich mich an nichts erinnern. Und trotzdem hat sie begonnen, mich mit Kleinigkeiten zu schikanieren. Anfangs nur ein wenig und ich habe belustigt darüber hinweggeschaut. Aber es ist immer ein bisschen mehr geworden. Mittlerweile empfinde ich es als Feindseligkeit. Sie sucht nach Gelegenheiten, um mich vor anderen lautstark zu kritisieren und bloßzustellen. Sie deckt meine Fehler auf und erzählt anderen davon. Außerdem bin ich irgendwie ihr Sündenbock. Sie schiebt mir Sachen in die Schuhe, für die ich gar nichts kann. Als einer der Kollegen die Küche dreckig hinterließ, rief sie entsetzt: „Wie sieht es denn hier aus? Na, das kann ja nur eine Person gewesen sein!" Solche Dinge sagt sie häufig. Offensichtlich will sie ein schlechtes Bild von mir verbreiten. Ich frage mich nur, warum. Ihr Verhalten kann ich mir nicht erklären und wundere mich, was es ausgelöst haben könnte. Schließlich bin ich der Ansicht, mich ihr gegenüber immer korrekt benommen zu haben. Ich bin irritiert, aber auch verletzt, weil mir ihre Ablehnung so deutlich ins Gesicht schlägt. Bedrückt kauere ich also nun zu Hause und grübele darüber nach, wie ich mit der Situation umgehen soll. Ich nehme die Bibel zur Hand und blättere darin herum. Was rät mir Gottes Wort?

„Wenn ihr also vor dem Altar im Tempel steht, um zu opfern, und es fällt euch mit einem Mal ein, dass jemand etwas gegen euch hat, dann lasst euer Opfer vor dem Altar liegen, geht zu dem Betreffenden und versöhnt euch mit ihm. Erst dann kommt zurück und bringt Gott euer Opfer dar" (Matthäus 5,23-24). Jesus rät mir also, meine ältere Kollegin direkt anzusprechen, um mich mit ihr zu versöhnen. Und im Kolosserbrief finde ich folgende Stelle: „Da Gott euch erwählt hat, zu seinen Heiligen und Geliebten zu gehören, seid voll Mitleid und Erbarmen, Freundlichkeit, Demut, Sanftheit und Geduld. Seid nachsichtig mit den Fehlern der anderen, und vergebt denen, die euch gekränkt haben. Vergesst nicht, dass der Herr euch vergeben hat und dass ihr deshalb auch anderen vergeben müsst. Das Wichtigste aber ist die Liebe. Sie ist das Band, das uns alle in vollkommener Einheit verbindet." (Kolosser 3,12-14). Hm ... Sei nachsichtig und vergib. Lass dich nicht auf die Mittel der Streitsuchenden ein. Also gut, denke ich entschlossen. Es wäre sicher für den Moment leichter, mich von der Kollegin abzuwenden und mich über sie zu ärgern. Aber ich beschließe, meinen heiligen Ratgebern zu folgen. Schon dieser Entschluss lässt mich leichter ums Herz werden. Für heute lasse ich die Angelegenheit ruhen. Morgen jedoch liegt eine wichtige und schwierige Aufgabe vor mir. Ich werde meine Kollegin zu einer Tasse Kaffee einladen und ein direktes, freundliches Gespräch mit ihr führen, um sie auf ihr Verhalten mir gegenüber anzusprechen.

INSPIRATIONEN AUS DER BIBEL

Gott segnet die, die sich um Frieden bemühen, denn sie werden Kinder Gottes genannt werden.
Matthäus 5,9

Lass dich nicht vom Bösen überwinden, sondern überwinde das Böse durch das Gute!
Römer 12,21

MEIN GEBET

Herr, mach mich zu einem Werkzeug
deines Friedens,
dass ich liebe, wo man hasst;
dass ich verzeihe, wo man beleidigt;
dass ich verbinde, wo Streit ist;
dass ich die Wahrheit sage, wo Irrtum ist;
dass ich den Glauben bringe, wo Zweifel droht;
dass ich Hoffnung wecke, wo Verzweiflung quält;
dass ich Licht entzünde, wo Finsternis regiert;
dass ich Freude bringe, wo der Kummer wohnt.
Herr, lass mich trachten,
nicht, dass ich getröstet werde,
sondern dass ich tröste;
nicht, dass ich verstanden werde,
sondern dass ich verstehe;
nicht, dass ich geliebt werde, sondern dass ich liebe.
Denn wer sich hingibt, der empfängt;
wer sich selbst vergisst, der findet;
wer verzeiht, dem wird verziehen;
und wer stirbt, der erwacht zum ewigen Leben.
Amen.
(Franz von Assisi)

ZUM NACHDENKEN

» **In welcher Beziehung könnte ich versöhnlich wirken und mich um Frieden bemühen?**
» **Habe ich schon einmal, auch in kleinen Dingen, Böses mit Gutem überwunden?**

⇛ VERÄNDERT

Ich kenne einen wunderbaren Friseursalon, der ein echter Geheimtipp ist. Dort werden die Kunden auf besondere Weise verschönert. Wer hineingeht, kommt verändert heraus. Klar bringt jeder neue Haarschnitt in gewisser Weise eine Veränderung. Ich meine jedoch nicht eine äußerliche, sondern eine innere. Ich meine das, was die Friseurin mit der Persönlichkeit der Menschen macht.

Eigentlich gehen die Leute ja dorthin, um sich hübscher machen zu lassen. Die Haare sollen wieder besser sitzen, man möchte schöner aussehen. Manchmal ist es einfach nötig, dass jemand sozusagen die Unordnung auf dem Kopf wieder aufräumt. Viele der Menschen sagen zur Friseurin: „Ich gefalle mir so nicht mehr. Bitte helfen Sie mir, wieder schöner zu werden."

Und dann beginnt die Friseurin mit ihrer Arbeit. Sie schneidet die Haare, natürlich. Sie lässt sich aber auch auf die Menschen ein. Meistens sagt sie nicht viel, vielleicht mal etwas wie: „Haben Sie nicht gut geschlafen? Sie sehen ein wenig müde aus." Aber sie hört ihnen zu. Die persönliche Art, wie sie mit den Menschen umgeht, lässt diese etwas von sich preisgeben. Hier fühlen sie sich sicher und angenommen.

Sie spüren ihre Achtung, ihren Respekt und ein aufrichtiges Interesse an ihrer Person. Die Friseurin ist jemand, der ihnen Aufmerksamkeit entgegenbringt und ihnen ehrlich zeigt: Ich finde dich spannend. Du gefällst mir. Zeig dich mir authentisch. Dann blicke ich in dein Gesicht und sehe, was dich ausmacht. Zeig mir dein wirkliches Wesen, auch deine Seele.

Die Friseurin nimmt sich Zeit für ihre Kunden, wenn sie sie verändert. Sie hetzt nicht und lässt die Menschen zu sich kommen. Hier in ihrem Salon weiß man: Man darf sein, wie man ist. Man muss sich nicht verstellen und man muss nicht funktionieren. Man darf einfach nur da sein und von jemandem liebevoll betrachtet werden.

Viele Leute beginnen dann von sich zu erzählen: was sie bewegt, was sie bedrückt, welche Erlebnisse sie hatten. Gemeinsam mit der Friseurin schauen sie in den Spiegel und sehen ihre verschiedenen Seiten – die traurigen, die zerknitterten und die schönen. Die Sorgenfalten und die Lachfalten. Am Ende merken sie manchmal, dass sie sich endlich wieder selbst begegnet sind, hier in diesem Friseursalon. Bestärkt und gelöst gehen sie in ihren Alltag zurück. Sie sind froh, diese wertvollen Minuten gehabt zu haben, und sie nehmen etwas mit: das Gefühl, dass sie für jemandem wichtig waren, zumindest für einen

Moment. Und die meisten von ihnen gefallen sich wieder und sind auf diese Art wirklich schöner geworden.

Die Art, wie die Friseurin ihren Kunden begegnet, vermittelt ihnen vielleicht eine leise Ahnung davon, wie Gott sie sieht und was er ihnen herzlich zuspricht: Du bist schön, so wie du bist. Ich stehe an deiner Seite und betrachte dich. Glaube mir, du bist wertvoll für mich, auch wenn du dir vielleicht gerade nicht gefällst. Lass mich dich trösten und dir zuhören, wenn du verletzt worden bist. Ich bringe dir Achtung entgegen und meine unendliche Liebe, damit auch du selbst dich lieben kannst.

INSPIRATIONEN AUS DER BIBEL

Die Liebe soll euer höchstes Ziel sein.
1. Korinther 14,1

Was immer wir tun, tun wir, weil die Liebe Christi uns bewegt. Weil wir glauben, dass Christus für alle gestorben ist, glauben wir auch, dass unser altes Leben vorüber ist, das wir früher führten. Er starb für alle, damit diejenigen, die sein neues Leben erhalten, nicht länger für sich selbst leben. Sie sollen vielmehr für Christus leben, der für sie starb und auferstanden ist. Deshalb haben wir aufgehört, andere nach dem zu beurteilen, was die Welt von ihnen hält.
2. Korinther 5,14-16

MEIN GEBET

Jesus Christus, vergib mir bitte. Wie oft beurteile ich meine Mitmenschen danach, was die Welt von ihnen hält. Zu selten gelingt es mir, ihr Herz zu sehen und sie mit deinen Augen liebevoll zu betrachten. Hilf mir, meinen Mitmenschen ein klein wenig zu zeigen, wie wertvoll sie dir sind, und sie ein bisschen davon spüren zu lassen, wie sehr du sie liebst. Ich bitte dich, hilf du uns dabei, dass wir uns selbst annehmen und lieben können. Amen.

ZUM NACHDENKEN

» **Wie kann ich Menschen so begegnen, dass ich ihnen ein wenig von Gottes Liebe widerspiegeln kann?**

» **Wie kann es mir gelingen, Menschen mit Jesu Augen zu sehen, statt sie danach zu beurteilen, was die Welt von ihnen hält?**

LEBENSLUST

Ein malerischer Sonnenuntergang taucht den Abendhimmel in alle Schattierungen von Rot. Ich bestaune dieses Naturschauspiel, das die Krönung eines wundervollen Tages ist. Auf der Couch in meinem Wohnzimmer lasse ich am Sonntagabend entspannt den Tag ausklingen und danke Gott für dieses letzte Geschenk, mit dem er mich vor der Bettruhe noch verzaubert. Ausgefüllte Stunden haben mir heute Freude und Lebenskraft geschenkt. Der Tag verwöhnte mich mit Muße, sodass ich meine Seele baumeln lassen konnte. Ich hatte wertvolle, gemeinsame Zeit mit Freunden und Familie und habe im Gottesdienst die Gelegenheit genutzt, andächtig und ehrfürchtig vor Gott zu treten und ihm zu begegnen – ganz ohne den Druck der Arbeit und die kleinen und großen Nöte des Alltags. Heute fühle ich mich lebendig und frei und bin meinem himmlischen Vater sehr nah. Ich spüre die Lust am Leben, die er mir schenkt. Welch ein herrliches und freudvolles Gefühl! Nun aber heißt es, sich von diesem Sonntag zu verabschieden. Der letzte Sonnenstreifen versinkt am Horizont und der rosarote Himmel verdunkelt sich zu einem tiefen Grau. Plötzlich ertappe ich mich dabei, dass ich die Arbeitstage bis zum nächsten Wochenende zähle. Noch fünf Tage Arbeit hinter mich bringen, dann ist mir wieder ein Sonntag vergönnt. Ich gähne, denn bei dem Gedanken an die Arbeit überfällt mich die Müdigkeit. Nicht nur das, ich fühle mich auf einmal auch ein wenig kraftlos und ausgelaugt. Mein Herz, das eben noch vor Freude hüpfte, scheint wie erstarrt. Erschrocken merke ich, dass allein der Gedanke an meine Arbeitswoche reicht, um an meinen Kräften zu zehren.

Die Erkenntnis trifft mich unerwartet: Ist es so, dass ich mich von Wochenende zu Wochenende hangele? Ich führe ja gewissermaßen eine Strichliste bis zur erneuten Freiheit, wenn ich meine Arbeitstage zähle. An den freien Tagen fühle ich mich lebendig und energiegeladen. Die Arbeitstage aber empfinde ich manchmal als leb- und liebloses, zwanghaftes Schaffen, das mich entkräftet und auszehrt. Kann ich dem Alltag gegenwärtig nichts abgewinnen? Saugt er etwa zuweilen die Freude aus mir? Dabei macht er doch den größten Teil meiner Lebenszeit aus!

Heute fehlt mir schon in Gedanken entschieden der innere Antrieb zur Arbeit und meine Motivation ist einzig und allein diejenige: Die Arbeit muss nun mal am Montag wieder getan werden. Ich nehme mir vor, mich zu beobachten. Vereinzelt darf diese

Antriebslosigkeit vorkommen. Wenn sie jedoch zur Normalität wird, ist es dringend Zeit, mir Gedanken über die Gründe zu machen.

Der Sonntag ist irgendwie mein wichtigster Glaubenstag. Es ist der Tag, der mein Herz mit Liebe und Freude erfüllt. Aber der Tank reicht offenbar nicht für die ganze Arbeitswoche. Ich glaube, verstanden zu haben, woran das liegt: Ich tanke einfach nicht oft genug auf – schließlich kann ich nicht nur am Sonntag Gott begegnen und mich ihm nahe fühlen. Mich dürstet, aber ich stille meinen Durst zu selten und daher entferne ich mich zuweilen von Gott. Ich spüre, ich muss grundsätzlich mehr Lebenslust und Liebe in meine Arbeitszeit bringen. So beschließe ich, meine Beziehung zu Christus noch besser zu pflegen und Gottes Liebe noch mehr in meinen Alltag einzulassen: öfter zu beten, mich zu besinnen und mir mehr Zeit zu nehmen, um mich Gott zuzuwenden und meine Arbeitszeit durch seinen Geist zu beleben.

INSPIRATIONEN AUS DER BIBEL

Wenn jemand Durst hat, soll er zu mir kommen und trinken! Wer an mich glaubt, aus dessen Innerem werden Ströme lebendigen Wassers fließen, wie es in der Schrift heißt.
Johannes 7,37-38

Es ist der Geist, der lebendig macht. Das Fleisch hat keine Macht. Die Worte aber, die ich euch gesagt habe, sind Geist und Leben.
Johannes 6,63

MEIN GEBET

Vater, manchmal verlassen mich die Lust und der Spaß an der Arbeit. Manche Arbeitstage fühlen sich leb- und lieblos an. Vergib mir, denn womöglich habe ich dich aus dem Blick verloren. Ich spüre, ich muss dich stärker in meine Arbeitszeit einlassen und mich dir öfter zuwenden. Begegne mir nicht nur am Sonntag, sondern auch an jedem Montag. Du schenkst mir Ströme lebendigen Wassers! Jesus, ich bitte dich, nimm mich an die Hand und führe mich zurück in deine Gegenwart. Amen.

ZUM NACHDENKEN

- **Welche Momente während der Arbeitszeit kann ich nutzen, um eine Verbindung mit Gott herzustellen?**
- **Wann passiert es mir, dass ich mich von Gott abwende?**
- **Was inspiriert mich besonders und hilft mir, meine Beziehung zu Jesus Christus zu stärken und zu pflegen: Bibelverse, Gebete, Musik oder vielleicht besondere, persönliche Erlebnisse mit Gott?**

⇛ VON PANNEN, MISSERFOLGEN UND NIEDERLAGEN

Manchmal vermiesen uns alltägliche Misserfolge die Arbeit. Da gibt es beispielsweise die kleinen Pannen, wenn der Koch das Essen versalzt und die Musikerin den Ton nicht trifft, oder auch größere Enttäuschungen, wenn es vielleicht mit der Beförderung nicht geklappt hat oder das Gespräch mit der Vorgesetzten schlecht lief. Unser Arbeitsalltag beschert uns eben nicht nur Erfolge, sondern auch Niederlagen. Gott lässt dies zu. Er packt uns nicht in Watte. Warum uns allerdings der ein oder andere Stolperstein im Wege liegt – Gott erklärt es uns nicht.

Vielleicht nutzt er die kleinen Pannen, um uns zum richtigen Ziel zu führen oder um uns aufzufordern, ihm mehr Vertrauen zu schenken.

„Arbeitet weiter, auch wenn der äußere Erfolg ausbleibt, denn zu allen Zeiten ist es auf den inneren Gewinn angekommen, auf das, was vor Gott Bestand hat, wenn es auch auf Erden untergeht" – so hat Albert Schweitzer es formuliert. Lass dich nicht entmutigen, verzage nicht, rappele dich auf! Dein Ertrag sind die Freude und Liebe in deinem Herzen, will er uns damit auf den Weg geben.

Welche kleinen Misserfolge unsere Arbeit auch immer bereithält – entscheidend ist letztlich nicht nur das Endergebnis. Gott hat uns nicht dazu beauftragt, beruflich erfolgreich zu sein. Er hat uns beauftragt, an ihn zu glauben und ihm zu vertrauen und dies in unserer Arbeit und unserem Leben sichtbar zu machen. Nicht das Ergebnis, sondern die Art und Weise, wie wir unsere Arbeit erledigen, ist der eigentliche Gewinn. Immer wieder fordert Jesus die Menschen auf, nicht kleingläubig zu sein, und lobt ihren Glauben. Zur kanaanäischen Frau sagt er: „Frau, dein Glaube ist groß. Deine Bitte soll erfüllt werden" (Matthäus 15,28), und über den Glauben des römischen Offiziers in Kapernaum staunt er: „Ich sage euch, solch einen Glauben habe ich in ganz Israel nicht erlebt!" (Lukas 7,9). Eine kranke Frau berührt heimlich seinen Saum. Jesus bemerkt dies und sagt: „Dein Glaube hat dich gesund gemacht. Geh in Frieden" (Lukas 8,48). Es geht also in erster Linie um unseren Glauben an einen großen Gott, nicht um äußerliche Erfolge, die letztlich vergänglich sind. Die Beziehung zu Jesus Christus steht an erster Stelle: „Gott ist treu. Er hat euch berufen zur Gemeinschaft mit seinem Sohn, Jesus Christus, unserem Herrn" (1. Korinther 1,9). So mancher Misserfolg kann allerdings wehtun und uns an uns zweifeln lassen. Wenn uns etwas entmutigt, enttäuscht oder traurig stimmt, dann sagt Gott uns zu, dass er uns damit nicht alleine lässt, sondern bei uns ist. Wenn wir hinfallen, hält er uns fest (vgl. Psalm 145,14). Wir dürfen uns im Gebet auch klagend an ihn wenden und unseren Gefühlen freien Lauf lassen. Wenn wir ihn aufrichtig anrufen, wird er uns nahe sein. So tröstet Gott uns in unseren Momenten der Niederlage. Er verspricht, dass er unserem Herzen wieder Frieden und Freude schenken wird: „Und wir wissen, dass für die, die Gott lieben und nach seinem Willen zu ihm gehören, alles zum Guten führt" (Römer 8,28).

INSPIRATIONEN AUS DER BIBEL

Können wir nun stolz darauf sein, dass wir irgendetwas dazu getan haben, von Gott angenommen zu werden? Nein, denn das geschah nicht aufgrund unserer guten Taten, sondern allein aufgrund unseres Glaubens.
Römer 3,27

Gepriesen sei Gott, der Vater von Jesus Christus, unserem Herrn. Er ist der Ursprung aller Barmherzigkeit und der Gott, der uns tröstet.
2. Korinther 1,3

Dein Versprechen schenkt mir neuen Lebensmut, es tröstet mich in allem Kummer.
Psalm 119,50

MEIN GEBET

Guter Gott, manchmal ärgere ich mich oder bin enttäuscht, wenn die Dinge nicht so laufen, wie ich es mir vorstelle. Ich verstehe die Gründe nicht, wenn mir Misserfolge oder Pannen passieren. Aber du tröstest mich und ermutigst mich neu. Ich vertraue darauf, dass du für mich alles zum Guten führst. Amen.

ZUM NACHDENKEN

» **Wie gehe ich mit Erfolgen und Niederlagen um?**
» **Habe ich schon erlebt, dass Gott mich trotz Misserfolgen letztlich zum Guten geführt hat?**

⇛ KURZ VOR ZWÖLF

Es ist Mittagszeit und man hört leise das fröhliche Plappern von Schulkindern von der Straße schallen. Kurz vor zwölf Uhr kehrt immer eine merkwürdige Ruhe ein, die dann ganz plötzlich vom mittäglichen Ansturm unterbrochen wird. Wie jeden Dienstag um diese Zeit stürmen fünf Jungen in den Supermarkt. Vier von ihnen strömen zu verschiedenen Regalen, um sich etwas Leckeres für ihre hungrigen Mägen zu holen. Ein fünfter Junge bleibt wartend mit leicht gesenktem Kopf vor den Kassen stehen. Ein aufmerksamer, regelmäßiger Beobachter wüsste, dass dieser Junge stets dort auf seine Freunde wartet und sich noch nie etwas gekauft hat. Ein Blick auf sein Äußeres verrät, was der Grund sein könnte: Der Rucksack ist abgewetzt, die Schuhe sind kaputt, der Pulli hat Löcher.

Barbara bemerkt den Jungen nicht. Mit flinken, geübten Fingern tippt sie auf die Tasten und kassiert schweigend das Geld einer Dame im mittleren Alter. Für einen kurzen Moment blickt sie in das Gesicht der Frau, nimmt es jedoch nicht wirklich wahr. Zu vertieft ist sie in ihre eigenen Gedanken. Es sind sorgenvolle Gedanken, denen sie nachhängt: über ihren sechzehnjährigen Sohn, der die Schule bald beenden wird und einen Ausbildungsplatz sucht. Barbara bangt um seinen Schulabschluss. Gestern Nachmittag haben sie wieder einmal über seine Schulnoten gesprochen, und sie hat ihm vorgeworfen, er gäbe sich zu wenig Mühe und könne bessere Leistungen erzielen. Dann würde die Suche nach einer Arbeitsstelle für ihn viel leichter werden. Sie solle nicht schon wieder damit anfangen, hat ihr Sohn genervt zurückgegeben. Er hätte doch noch gar nicht richtig angefangen zu suchen und so schlecht seien seine Noten gar nicht. Manchmal hat Barbara das Gefühl, dass sie sich um die Zukunft ihres Sohnes viel mehr sorgt als er selbst.

Sie denkt an das Telefonat mit ihrer Freundin vom gestrigen Abend, bei dem sie ihr Herz ausgeschüttet hatte. „Nimm es nicht so schwer", hat ihre Freundin gesagt. „Er wird schon eine gute Arbeit finden. Er ist doch eigentlich ein tüchtiger Junge. Du sorgst dich zu viel. Denk an den Bibelvers mit den Vögeln und den Lilien und gib deine Sorgen an Gott ab", hat sie noch hinzugefügt.

Die Sorgen an Gott abgeben und sich nicht zu sehr bekümmern – meine Freundin hat eigentlich recht, denkt Barbara. Sie blickt auf. Da sieht sie unweit von ihr den Schuljungen stehen. Zum ersten Mal nimmt sie ihn bewusst wahr. Plötzlich erinnert sie sich dun-

kel daran, ihn schon öfter gesehen zu haben. Nein, er wird sich wohl auch heute nichts kaufen. Zu ihren Füßen steht ihre eigene Einkaufstüte, die sie heute Morgen bereits gefüllt und bezahlt hat. Kurz entschlossen greift sie hinein und holt etwas heraus.
Sie geht zu dem Jungen und tippt ihm sanft auf die Schulter. „Hallo", sagt sie nur und drückt ihm eine Packung mit Schokokeksen und zwei Äpfel in die Hände. Für einen kurzen Augenblick sieht sie in seinem überraschten Blick Freude aufflackern. Schon muss Barbara sich wieder zurück an die Kasse setzen, da die nächsten Kunden dort warten. Aus den Augenwinkeln sieht sie den Schuljungen noch mit Appetit in einen der Äpfel beißen, als er mit seinen Freunden lachend den Supermarkt verlässt.
Barbara wird es warm und leicht ums Herz und sie lächelt. Ihre Sorgen hat sie für diesen Moment völlig vergessen.

INSPIRATIONEN AUS DER BIBEL

Denn die Sorgen, die wir jetzt vor uns sehen, werden bald vorüber sein, aber die Freude, die wir noch nicht gesehen haben, wird ewig dauern.
2. Korinther 4,18

Der mit Dornen bewachsene Boden verweist auf die Menschen, die die gute Botschaft hören und annehmen, doch sie wird von Alltagssorgen, den Verlockungen des Reichtums und dem Verlangen nach schönen Dingen übertönt, sodass keine Frucht daraus entstehen kann. Der gute Boden aber meint schließlich die Menschen, die Gottes Botschaft hören und annehmen und reiche Frucht bringen – dreißig-, sechzig- ja hundertmal so viel, wie gesät wurde.

Markus 4,18-20

MEIN GEBET

Vater, oft beschäftigen mich meine Sorgen und trüben meine Wahrnehmung. Manchmal verliere ich dann deine Liebe aus dem Blick. Vergib mir bitte, wenn mich eine Sorge davon abhält, das Richtige zu tun, oder wenn Alltagssorgen deine gute Botschaft in mir übertönen. Ich bitte dich, gib du mir die Kraft, unbekümmert dem zu folgen, was deine Liebe mir eingibt. Lass mich vertrauensvoll und mutig auf dein Wort hören und meine sorgenvollen Gedanken an dich abgeben. Amen.

ZUM NACHDENKEN

- Gibt es Alltagssorgen, die mich so sehr beschäftigen, dass ich mein Umfeld und auch Gott manchmal kaum mehr wahrnehme?
- Welchen Sorgen gebe ich zu viel Raum und lasse dadurch der Liebe zu wenig Platz?

⇛ STANDFEST

„In diesem Haus wird man eben nicht aufgrund von Fleiß oder Begabung befördert“, lästert meine Kollegin, als die Ernennung von Petra zur leitenden Kraft bekannt gegeben wird.

„Wieso? Ist doch auch eine Begabung, sich bei den richtigen Leuten gezielt einzuschmeicheln“, stimme ich in die Lästerei mit ein und beiße mir beinahe auf die Zunge. Am liebsten würde ich den Satz wieder zurücknehmen. Habe ich mir nicht vorgenommen, die gewohnheitsmäßige Lästerei in unserem Büro nicht mehr mitzumachen? Außerdem habe ich gar nichts gegen Petra und glaube sogar, sie wird ihre neue Aufgabe ganz gut bewältigen. Es ist nur manchmal verlockend und auch sehr einfach, durch ein wenig Gemeinheit meinen kleinen persönlichen Frust loszuwerden. Und bei meinen Kolleginnen kann ich damit sogar punkten, weil sie mich unterhaltsam finden – glaube ich zumindest.

Eigentlich möchte ich aber viel lieber standhaft in meinen Absichten bleiben. Eine davon ist es, behutsam mit Worten umzugehen (vgl. 1. Petrus 3,10). Und doch schwanke ich immer wieder. Dann frage ich mich, wie gefestigt ich eigentlich im Glauben stehe und was mich darin bestärken könnte, von meinem Weg nicht abzukommen.

Vor dem Bürofenster steht eine große, alte Eiche mit dickem Stamm, die ich in solchen Augenblicken des Zweifels bewundernd betrachte. Ich habe schon starken Wind an ihren Ästen rütteln und schütteln sehen, und doch ist sie nie ins Wanken geraten.

Meine innere Ruhe und Kraft sind nicht so beständig. Äußere Umstände beeinflussen oft mein Verhalten oder nehmen mir die Kraft, an meinen Absichten festzuhalten: die Arbeitsbedingungen, das Arbeitsumfeld und -klima, der Einfluss anderer. Es braucht nur etwas einmal nicht großartig zu sein, so bringt es mich von meinen großartigen Vorsätzen ab oder lässt mich Gottes Großartigkeit vergessen. Immer wieder blicke ich deshalb auf die alte Eiche und orientiere mich an ihrem festen Stand mit der Hoffnung und dem Vertrauen darauf, dass auch ich eines Tages so standhaft sein werde – in meinem Glauben und in meinem Verhalten. Und ich schicke ein kurzes Gebet zum Himmel, dass Gott mir dabei hilft.

INSPIRATIONEN AUS DER BIBEL

Denn die Herzen dieser Menschen sind verhärtet, ihre Ohren können nicht hören und sie haben ihre Augen geschlossen. Ihre Augen sehen nicht, ihre Ohren hören nicht und ihr Herz versteht nicht, und sie kehren nicht zu mir um, damit ich sie heil mache. Eure Augen aber sind gesegnet, weil sie sehen, und eure Ohren, weil sie hören können.
Matthäus 13,15-16

Was ihr auch tut, tut es, ohne zu klagen und zu zweifeln, damit niemand euch irgendetwas vorwerfen kann. Als Kinder Gottes sollt ihr ein reines, vorbildliches Leben führen in einer dunklen Welt voller verdorbener und verirrter Menschen, unter denen euer Leben wie ein helles Licht leuchtet.
Philipper 2,14-15

MEIN GEBET

Vater, ich bitte für diejenigen, die nicht an dich glauben. Du schließt sie in deine große Liebe mit ein und schenkst ihnen deine Gnade. Erweiche ihre Herzen, sodass sie ihren Weg zu dir finden. Herr, bestärke mich und festige meinen Stand, damit ich im Glauben an dich auf festem Grund stehe und nicht ins Wanken gerate oder mich von anderen oder den Umständen negativ beeinflussen lasse. Mach mich stark und robust gegen die Anfechtungen der Welt. Amen.

ZUM NACHDENKEN

» **Wie gefestigt stehe ich im Glauben?**
» **Welche Arbeitsumstände bringen mich ins Wanken und Schwanken?**
» **In welchen Absichten will ich standhafter sein? Was könnte mir dabei helfen?**

⇛ WAHRE SICHERHEIT

Heute liegt meine Renteninformation im Briefkasten. „Au weia, das wird aber nicht besonders viel", denke ich erschrocken. Unsicherheit packt mich mit fester Hand. Müsste ich mich nicht noch besser darum kümmern? Bis zu meinem Ruhestand sind es noch über zwanzig Jahre, aber plötzlich schleicht sich Furcht in mein Herz. Zu viel habe ich schon von Altersarmut und Arbeitslosigkeit gehört oder gelesen. Was, wenn ich im nächsten Monat keine Arbeit mehr habe? Vielleicht werde ich ja wegrationalisiert, weil ich nicht mehr gut genug oder zu alt bin! Jäh verspüre ich existenzielle Angst aufkommen. Es schnürt mir den Hals zu. Da sitzt ein dicker Kloß, den ich nicht herunterschlucken kann. Vielleicht geht mein Arbeitgeber pleite! Oder er wird von einer anderen Firma übernommen, welche alles umstrukturiert. Das passiert doch heutzutage überall. Das kann ich gar nicht beeinflussen, ich bin der Wirtschaft und den Entscheidungen anderer schutzlos ausgeliefert! Eine leichte Gänsehaut breitet sich auf meinen Armen aus und es fröstelt mich. Wie kann ich Sicherheit gewinnen und wie die Kontrolle über alles erlangen? Ängstlich lege ich meine Hand um meinen Hals, weil ich den dicken Kloß dort noch immer spüre. Da fühle ich mit den Fingern meine Kette, an der ein Anhänger baumelt: Das Christuskreuz wird mir bewusst.

Oh, ich Kleingläubige! Ich will mich nicht mehr länger sorgen. Denn Jesus hat gesagt: „Darum sage ich euch: Sorgt euch nicht um euer tägliches Leben – darum, ob ihr genug zu essen, zu trinken und anzuziehen habt. Besteht das Leben nicht aus mehr als nur aus Essen und Kleidung? Schaut die Vögel an. Sie müssen weder säen noch ernten noch Vorräte ansammeln, denn euer himmlischer Vater sorgt für sie. Und ihr seid ihm doch viel wichtiger als sie" (Matthäus 6,25-26).

Darauf gilt es, zu vertrauen. Allerdings ist das nicht immer einfach.

Das Arbeitsleben ist nun mal kein gemütlicher Segeltörn vor der Küste mit kleinen Wogen, die um den Bug plätschern. Es ist vielmehr ein Trip auf hoher See, wo meterhohe Wellen und Stürme toben können. Ein Arbeitsplatz ist schon lange nicht mehr berechenbar oder verlässlich, sondern unbeständig. Eine sichere Planung bis zur Rente, wie viele es sich wünschen würden, ist nicht möglich. Das erschreckt uns, die wir uns so gerne in Sicherheit wiegen.

Und doch können wir darauf vertrauen, dass wir nicht tiefer fallen als in Gottes Hand. Gott ist das

Rettungsboot bei Schiffbruch und das Auffangtuch unter dem Seiltanz. Unsere Existenz ist nicht gefährdet. Die größte Macht der Welt steht auf unserer Seite und hält ihre Hand schützend über uns. Gottes Versprechen bringt unendliche Stetigkeit in das unsichere Leben von Christen. Er ist bei uns. Gott ist der „Ich bin da". Gott ist der ewig Beständige in der Unbeständigkeit unserer Welt. Nicht nur bis zum Wirtschaftsabschwung, sondern immer und jederzeit. „Dann stieg Jesus ins Boot und fuhr mit seinen Jüngern über den See. Plötzlich kam ein schrecklicher Sturm auf und die gewaltigen Wellen schlugen ins Boot. Doch Jesus schlief. Schließlich weckten ihn die Jünger. ‚Herr, rette uns!', riefen sie aufgeregt. ‚Wir sinken!' Doch Jesus antwortete: ‚Warum habt ihr Angst? Ist euer Glaube denn so klein?' Und er stand auf und drohte dem Wind und den Wellen, und augenblicklich war alles wieder ruhig" (Matthäus 9, 23-26). Sorge bewirkt nichts, weder die Sorge um kleine noch jene um große Dinge. Sie lenkt uns nur ab vom Wesentlichen. Gott wird uns neue Möglichkeiten aufzeigen, uns Kraft spenden oder einen neuen Blickwinkel eröffnen. Er wird den Sturm stillen. Darauf können wir vertrauen. Doch ich vergesse das nur allzu oft. Dann muss ich mich wieder trauen, an Größeres zu glauben und daran festzuhalten.

Die Zukunftsangst, die mich im Stillen manchmal packt, ist im Grunde gar keine Existenzangst. Sie ist eine Verlustangst, denn ich befürchte, dass mein Lebensstandard sich irgendwann, in der Rentenzeit vielleicht, verschlechtern könnte. Ich fürchte, dass ich verlieren könnte, was ich schon an Bequemlichkeit und Annehmlichkeiten erreicht habe. Es ist also eine Angst, die von meinem jetzigen Wohlstand und Besitztum ausgeht. Darauf gibt es aus meiner Sicht nur zwei Antworten. Die erste wäre, Besitztümer zu horten. Dann würde ich Materielles über alles andere setzen. Die zweite ist loszulassen und alles in Gottes Hände zu legen. Wahrer Reichtum liegt woanders.

Im Vaterunser danken wir Gott für unser tägliches Brot. Aber selbst für morgen ist doch bei den meisten von uns schon ausreichend gesorgt. Bei wie vielen Mitmenschen auf der Welt ist das allerdings erschreckenderweise anders? Wir sollen uns nicht darum sorgen, was wir über- oder überübermorgen essen, solange andere nicht wissen, wo ihr heutiges Brot herkommen soll.

Es ist der heutige Moment, der zählt. Jetzt, in der Gegenwart, soll uns die Zukunft nicht beunruhigen, sondern die Nächstenliebe uns bewegen. Sie lässt sich schlecht auf morgen verschieben.

INSPIRATIONEN AUS DER BIBEL

Euer Glaube ist so klein! Macht euch keine Gedanken über eure Nahrung – was ihr essen oder trinken sollt. Macht euch keine Gedanken darüber, ob Gott euch damit versorgen wird. Diese Dinge beherrschen das Denken der meisten Menschen, doch euer Vater weiß, was ihr braucht. Er wird euch jeden Tag alles Nötige geben, wenn das Reich Gottes für euch das Wichtigste ist. Habt also keine Angst, kleine Herde. Denn es macht eurem Vater große Freude, euch das Reich Gottes zu schenken.
Lukas 12,28-32

Warum macht ihr euch Sorgen darüber, dass ihr nichts zu essen habt? Werdet ihr denn nie lernen oder begreifen? Sind eure Herzen zu verhärtet, um das zu verstehen? „Ihr habt doch Augen – könnt ihr nicht sehen? Ihr habt doch Ohren – könnt ihr nicht hören?"
Markus 8,17-18

„Ich versichere euch: Wenn euer Glaube auch nur so groß wäre wie ein Senfkorn, könntet ihr zu diesem Berg sagen: ‚Rücke dich von hier nach da', und er würde sich bewegen. Nichts wäre euch unmöglich."
Matthäus 17,20

MEIN GEBET

Himmlischer Gott, du zerstreust meine Sorgen und sagst mir deinen Schutz zu. Ich habe Angst vor der Unsicherheit meiner Zukunft, dabei weiß ich doch eines: dass du ewig beständig bist. Ich danke dir, dass ich darauf vertrauen darf, nicht tiefer zu fallen als in deine Hand. Vater, du bist groß. Vergib mir meine Kleingläubigkeit. An dich kann ich mich wenden und die Dinge in deine Hand legen. Ich hoffe auf dich von ganzem Herzen und vertraue auf dein Wort. Herr, öffne meine Augen und lass mich vertrauensvoll erkennen: Ich bin gesegnet, denn meine Zukunft liegt in deiner gnädigen Hand. Amen.

ZUM NACHDENKEN

» **Habe ich große Zukunftsängste, die mich sehr beschäftigen?**

» **Gelingt es mir, meine Zukunft vertrauensvoll in Gottes Hände zu legen?**

Lass dich nicht ängstigen, nichts dich erschrecken. Alles geht vorüber. Gott allein bleibt derselbe. Wer Gott hat, der hat alles. Gott allein genügt.

Teresa von Avila

DIE TO-DO-LISTE

Morgens ist meine Liste der zu erledigenden Dinge immer lang. Ich schreibe mir gerne auf, was es alles zu tun gilt. Wenn es abgearbeitet ist, kann man einen Haken dahinter setzen. Ich mag es, dicke, schwarze Haken hinter die Aufgaben auf meiner Liste zu setzen. Es gibt mir das befriedigende Gefühl, fleißig gewesen zu sein und voranzukommen. Ich bin gut darin, vieles zu erledigen, denn ich bin schnell und effizient. Es macht mich immer auch ein wenig stolz, so produktiv zu sein.

Meine Liste ist heute genauso lang wie immer. Mein Chef gibt mir direkt zu Beginn des Arbeitstages noch ein paar Aufgaben dazu mit dem Hinweis: „Bitte fangen Sie unverzüglich damit an! Ach, und noch etwas: Beeilen Sie sich! Der Kunde hätte die Aufstellung am liebsten gestern."

Ich weiß, was das heißen soll. Der Kunde will nicht auf das Ergebnis warten. „Am besten gestern" ist eine sehr beliebte Redewendung bei meinem Chef. Alles ist wichtig und eilig und soll schnell erledigt sein. Die Kunden sind eben anspruchsvoll. Es macht mir aber nichts aus, im Gegenteil: Es spornt mich an. Ich weiß, dass ich das schaffen kann, kein Problem. Trotzdem steht mir ein Wettlauf mit der Zeit bevor, aber das kenne ich ja schon. Die Zeit scheint mir immer davonzulaufen, ich jedoch renne stets ganz gut hinterher. Um die Mittagszeit habe ich schon zufrieden ein paar Haken gesetzt. Der ungeduldige Kunde hat seine Ausfertigung erhalten und ich habe nebenbei noch einige andere eilige Sachen abgearbeitet. Na gut, das Telefon habe ich auch einfach ein paar Mal klingeln lassen – ich habe die Nummer dieses einen etwas anstrengenden Kunden erkannt und geahnt, dass er mich nur mit zeitraubenden Sonderwünschen stören würde. Trotzdem muss die Mittagspause etwas kürzer ausfallen und am Nachmittag muss ich noch eine Überstunde anhängen. Egal, ich bin es gewohnt. Ein Kollege kommt in mein Zimmer mit einem Anliegen. „Das geht jetzt gerade gar nicht und muss bis morgen warten", wimmele ich ihn unwirsch ab, denn mein Plan lässt keine Abweichung mehr zu. „Einkaufen" steht schließlich auch noch auf meiner Liste, und ich schaffe es nach der Arbeit sogar noch rechtzeitig, wenn auch etwas gehetzt, vor Ladenschluss in den Supermarkt zu gelangen.

Als ich dann endlich auf dem Weg vom Auto zu meiner Haustür bin, die schweren Einkäufe in der Hand und doch schon ein wenig erschöpft von den Anstrengungen des Tages, treffe ich meine alte Nachbarin. Sie ist schon über achtzig Jahre alt. Da sie viel Zeit alleine im Haus verbringt, hält sie gerne einen Plausch mit mir, wenn wir uns treffen. Manchmal versuche ich, ihr aus dem Weg zu gehen, weil die Gespräche mit ihr oft so lange dauern. Sie redet eben gerne. Ich habe aber nicht immer die Zeit dafür. „Es freut mich, Sie zu sehen!“, grüßt sie mich. „Was haben Sie heute Schönes gemacht?“ „Oh, der Tag ging so schnell rum!“, antworte ich. „Im Moment gibt es wirklich sehr viel zu tun, aber ich hab alles ganz gut unter Kontrolle. Man darf seine Zeit eben nicht mit Nebensächlichkeiten vergeuden, sondern muss fokussiert und konzentriert arbeiten. Mein Chef war sehr zufrieden. Er merkt, dass ich gut bin für die Firma. Na, und jetzt komme ich gerade vom Einkaufen ...“ „Ach, meine Liebe, Sie haben mich missverstanden“, unterbricht mich meine Nachbarin freundlich und lacht. „Ich wollte eigentlich etwas hören, das mein altes Herz erwärmt. Ich will anders fragen: Was haben Sie heute mit Herz und Seele gemacht? Wessen Leben haben Sie verschönert? Für wen waren Sie ein guter Engel?“ Überrascht von dieser Frage stehe ich da und schweige betroffen, denn ich habe nichts darauf zu sagen. Auf dem Weg in meine Wohnung denke ich an meine To-do-Liste. Sie verzeichnet lauter Haken – aber bin ich heute wirklich vorangekommen?

INSPIRATIONEN AUS DER BIBEL

Denn die Stolzen werden gedemütigt, die Demütigen aber geehrt werden.
Lukas 14,11

So spricht der HERR: „Der Weise soll nicht auf seine Weisheit stolz sein, der Mächtige nicht auf seine Macht und der Reiche nicht auf das, was er besitzt. Wer sich rühmen will, soll sich nur wegen dieser einzigen Sache rühmen: dass er mich kennt und begreift, dass ich der HERR bin!
Jeremia 10,22-23

Erforsche mich, Gott, und erkenne mein Herz,
prüfe mich und erkenne meine Gedanken.
Zeige mir, wenn ich auf falschen Wegen gehe,
und führe mich den Weg zum ewigen Leben.
Psalm 139,23-24

MEIN GEBET

Großer Gott, vergib mir, wenn ich im Übereifer arbeite und dabei die Liebe aus dem Blick verliere. Vergib mir, wenn ich stolz darauf bin, was ich alles schaffen und leisten kann, du aber nicht auf meiner To-do-Liste stehst. Ich möchte mich selbstkritisch prüfen und mir Einhalt gebieten, wenn ich durch den Tag hetze und die falschen Ziele verfolge oder mir meine Aufgaben wichtiger sind als Menschen. Hilf mir dann, wieder auf deine gesegneten Wege zurückzukehren. Amen.

ZUM NACHDENKEN

» **Worauf bin ich bei meiner Arbeit stolz?**

» **Stehen Gott und die Beziehung zu Jesus auf meiner To-do-Liste?**

» **Stelle ich manchmal Aufgaben oder Ergebnisse vor Menschen?**

⇛ EIN STÄNDIGER WETTKAMPF

Der „Mitarbeiter des Jahres“ wurde gekürt und sein Foto hängt an den Wänden der Firma.
„Natürlich ist es unser Held Peter geworden“, knurrt Helmut nicht ohne eine Spur Neid in der Stimme. Peter ist ein Gewinnertyp, der außergewöhnliche Leistungen vollbringt. Er ist ein sogenannter Erfolgreicher, der von seiner Umwelt Bewunderung erntet oder neidvoll betrachtet wird. Er liebt diese Selbstbestätigung und wird alles dafür tun, im nächsten Jahr wieder zum wichtigsten Mitarbeiter gewählt zu werden.
„Und das, obwohl er einen wichtigen Auftrag in den Sand gesetzt hat“, bemerkt Karl nur trocken. Indem er darauf aufmerksam macht, dass auch der Überflieger Peter seine Schwächen hat und ihm nicht alles gelingt, fühlt Karl sich selbst nicht so sehr als Verlierer. Er hat das Bedürfnis, den anderen herabzusetzen. Er selbst hat die Hoffnung aufgegeben, jemals der Beste zu werden. Das nagt an seinem Selbstbewusstsein.
„Im nächsten Jahr wird er nicht wieder so leicht gewinnen. Ich werde es ihm schwer machen“, kündigt Helmut den neuen Konkurrenzkampf an. Er wartet schon lange darauf, Peter den ersten Platz streitig zu

machen. Auch er will einmal als Bester gefeiert werden. Deswegen wird er sich anstrengen und kämpfen – der Wettstreit geht weiter.

Schon in der Schulzeit haben wir gelernt, dass wir verglichen werden und unsere Leistung für gut oder schlecht befunden wird. Nur einer kann der oder die Beste sein, war die Botschaft. Das schürte die Angst vor der Konkurrenz und davor, nicht zu genügen. Der erste Platz ist nur für eine Person reserviert – Anerkennung gibt es nur für wenige, nicht für alle gleichermaßen, die im Wettkampf stehen. Andere, Lehrer und Eltern, setzten die Maßstäbe, nach denen wir beurteilt wurden. So haben wir uns angewöhnt, es den anderen um ihrer Anerkennung willen recht machen zu wollen. Das setzt sich im Arbeitsleben fort: Wir erhalten Beurteilungen, Zeugnisse und Urkunden und werden irgendwo zwischen Gut und Schlecht eingeordnet. Man spiegelt uns wider: „Du bist toll, wenn die Leistung gut ist – und wenn nicht, bist du eben nicht so toll." Die gute Leistung orientiert sich zumeist an messbaren Größen, zum Beispiel am Gewinn einer Unternehmung.

Peter, der Erfolgreiche, ist stolz, es durch seine eigene Leistung so weit gebracht zu haben. Helmut dagegen reißt sich ein Bein aus, um immer besser zu werden und nicht der ewige Zweite zu sein. Er will es endlich einmal schaffen und zu den Gewinnern zählen. Dann kann er allen, die nicht an ihn glaubten, beweisen, dass sie unrecht hatten. Es wird zu seiner Priorität im Leben.

Karl hat schon resigniert. Er schneidet im Wettbewerb sowieso nie gut ab. Die Hoffnung, dass aus ihm noch etwas werden könnte, ist dahin. Er hat sich mit der Rolle des Verlierers abgefunden, aber lebt mit Selbstzweifeln. Oft versucht er sich aufzuwerten, indem er andere abwertet. Manche Selbstzweifler versuchen gar, ihre Außenwelt von ihrer Größe zu überzeugen, indem sie sich gute Beurteilungen, herausragende Zeugnisse, Doktortitel oder Ähnliches auf unaufrichtigem Wege erschleichen. Allen diesen Wettbewerbern ist das Gefühl gemeinsam, sie müssten ihren Mitmenschen beweisen, wie einzigartig und grandios sie sind. Es geht ihnen um das Ansehen und die Bewunderung der anderen. Sie sind unfrei und machen sich von ihrer Umwelt abhängig, um deren Bewunderung sie buhlen.

Erfolg ist wunderbar und jedem zu wünschen. Gott möchte, dass seine Kinder erfolgreich sind. Aber die Jagd nach dem Erfolg soll Menschen weder abhängig machen noch sie frustrieren oder ihnen die Hoffnung nehmen. Niemandem soll die Welt die Seele stehlen.

Vielleicht steckt hinter diesem Erfolgsdrang unsere innere Leere, die wir auszufüllen suchen. Unsere Sehnsucht nach Liebe und Bestätigung. Dabei schenkt Gott uns seine Liebe im Übermaß, und zwar bedingungslos. Wir müssen sie doch nur annehmen. Gott fordert von uns keine Leistung, sondern er spricht uns zu: „Du bist fantastisch so, wie du bist – ich liebe dich mit all deinen Stärken und Schwächen." Insgeheim wünsche ich mir schon lange, dass jemand so etwas zu mir sagt. Dabei ist es längst geschehen! Gott sagt es zu mir, an jedem neuen Tag. Er verleiht weder Medaillen noch Urkunden, denn bei ihm gibt es keine Hierarchie und keine Leistungsbesten. Ich bin ihm so wichtig wie jeder andere auch. Bei Gott sind wir alle Gewinner und jeder bekommt seinen Lohn. Er hat uns allen verschiedene Talente und Stärken gegeben. Von unseren Mitmenschen werden nicht alle davon gleich hoch geschätzt, aber in Gottes Augen ist jeder von uns ein wertvolles Individuum seiner Schöpfung.
„Genauso ist es bei Gott: Viele, die jetzt die Ersten sind, werden die Letzten sein, und die, die jetzt die Letzten sind, werden dann die Ersten sein" (Matthäus 20,16), hat Jesus gesagt. Er meint damit: Begebt euch nicht in den falschen Wettstreit der Welt. Wer sich darauf einlässt und sich vom Wettbewerbsdruck

bestimmen lässt, verliert das Wesentliche aus dem Blick. Hängt euer Herz nicht an die falschen Schätze dieser Erde, hängt es nicht an etwas, das euch nicht mehr freigibt. Legt eure Prioritäten richtig fest. Das ist der Grund, warum Paulus schreibt, wir sollen mit unserer Arbeit nicht darauf abzielen, den Menschen zu imponieren (vgl. Philipper 2,3). Weil Gott uns als seine Kinder bedingungslos annimmt, müssen wir keinem Leistungsdruck standhalten und uns nicht immer wieder neu beweisen. Wir erringen Gottes Anerkennung einzig und allein durch seine Gnade und durch unseren Glauben. Mehr ist nicht nötig. Gott hat mir zugesagt: „Du bist gut so, wie du bist, mit all deinen Stärken und Schwächen." Mit der Sicherheit meines Glaubens im Rücken kann ich meine Angst, nicht zu genügen, ablegen und mich dann von der Liebe Gottes tragen lassen.

INSPIRATIONEN AUS DER BIBEL

Auf ihrem Weg nach Jerusalem kamen Jesus und die Jünger auch in ein Dorf, in dem eine Frau mit Namen Marta sie in ihr Haus einlud. Ihre Schwester Maria saß Jesus zu Füßen und hörte ihm aufmerksam zu. Marta dagegen mühte sich mit der Bewirtung der Gäste.

Sie kam zu Jesus und sagte: „Herr, ist es nicht ungerecht, dass meine Schwester hier sitzt, während ich die ganze Arbeit tue? Sag ihr, sie soll kommen und mir helfen." Doch der Herr sagte zu ihr: „Meine liebe Marta, du sorgst dich um so viele Kleinigkeiten! Im Grunde ist doch nur eines wirklich wichtig. Maria hat erkannt, was das ist – und ich werde es ihr nicht nehmen."
Lukas 10,38-42

Jeder achte genau auf sein eigenes Leben und Handeln, ohne sich mit anderen zu vergleichen. Schließlich ist jeder für sein eigenes Verhalten verantwortlich.
Galaterbrief 6,4-5

Die Menschen zu fürchten ist eine gefährliche Falle, wer aber auf den HERRN vertraut, lebt unter seinem Schutz.
Sprüche 29,25

MEIN GEBET

Vater, in deinen Augen muss ich nicht besser werden, sondern ich bin gut so, wie ich bin. Du nimmst mich als dein Kind gnädig an. Für dich bin ich einmalig, schön und fähig. Ich danke dir dafür, dass du meine starken und meine schwachen Seiten siehst und sie gutheißt. Du heilst mich, indem du mir deine unermessliche Liebe ohne Bedingungen zusagst. Amen.

ZUM NACHDENKEN

» **Stehe ich unter starkem Wettbewerbsdruck?**
» **Macht meine Arbeit mich unfrei?**
» **Wessen Anerkennung versuche ich zu erringen?**
» **Hänge ich mein Herz zu stark an weltliche Erfolge?**
» **Wie wirkt es auf mich, wenn andere meine Leistung beurteilen?**
» **Leide ich darunter, es anderen recht machen zu müssen?**
» **Wie empfinde ich den Maßstab, mit dem andere mich messen?**
» **Nach welchen Kriterien beurteile ich selbst meine Mitmenschen? Fühle ich mich bestärkt durch Gottes Zusage, dass er mich liebt, so wie ich bin?**

⇛ VERSAGENSÄNGSTE

Manchmal ergreift mich die Angst zu versagen und ich möchte vor einer schwierigen Aufgabe am liebsten Reißaus nehmen. In meinem ersten Berufsjahr musste ich einen Vortrag vor sechzig Menschen halten. Für mich war das damals eine große Sache, die mir gehörigen Respekt einflößte. Das hatte ich noch nie gemacht. Außerdem fand ich mich nicht gerade eine begnadete Rednerin. Ich wollte diese Herausforderung gerne annehmen. Innerlich war ich jedoch voller Zweifel: Konnte ich das überhaupt? War ich nicht viel zu ungeübt dafür? Würde ich mich blamieren? Andere konnten das doch eigentlich viel besser. Ich hatte es nie richtig gelernt!
Am Tag des Vortrags erschien ich viel zu früh in den Konferenzräumen. Auf keinen Fall wollte ich es riskieren, unpünktlich zu sein. Ich war gut vorbereitet, aber bis zum Umfallen aufgeregt. Nervös wie ein aufgescheuchtes Huhn lief ich ziellos umher und bekam immer größere Bauchschmerzen vor Lampenfieber. Was machte ich hier bloß? Wieso hatte ich diese Aufgabe bekommen? Wieso hatte ich sie nicht entschieden abgelehnt, um mich auf das zu konzentrieren, was ich wirklich gut konnte? Wer hatte mir das eingebrockt? Wie sollte ich das nun erfolgreich

überstehen? Ich hatte noch eine Stunde Zeit bis zu meinem Einsatz. Da beschloss ich, mich in einen leeren Raum zurückzuziehen und zu beten: „Vater, ich glaube, das hier ist eine Nummer zu groß für mich. Alle meine Sorge, Aufregung und mein Lampenfieber gebe ich ab in deine Hände. Vielleicht ist das hier völlig unwichtig, aber ich vertraue darauf, dass du mir nun beistehst und meinen Vortrag gelingen lässt. Lass mich deine Gegenwart spüren und diese Aufgabe voller Zuversicht angehen. Schenke mir die Gewissheit, dass du an meiner Seite stehst."

Ich merkte, wie ich ruhiger wurde. Ich merkte, wie ich wirklich daran glaubte, dass Gott sich meiner Sache annahm und ihr eine gute Wendung geben würde. Bestärkt begann ich meinen Vortrag und mein Auftritt ging schließlich wunderbar glatt über die Bühne. Der Veranstalter sagte danach zu mir: „Na, das ist ja toll gelaufen. Als ich Sie vorher sah, hatte ich Bedenken, ob Sie nicht ein bisschen zu aufgeregt sind." Ich lächelte nur und dankte innerlich meinem göttlichen Beistand.

Ja! Gott steht an meiner Seite! Die Zusage Gottes, dass mein Leben gelingen wird, heißt nicht, dass ich im weltlichen Sinne stets erfolgreich sein werde. Aber wenn es meine eigene Angst vor dem Scheitern ist, die mich am Erfolg hindert, dann kann er mir beistehen.

Wann immer mir eine Aufgabe zu schwierig erscheint und Reißaus-Gedanken hervorruft, kann ich mich an meinen Herrn wenden und alles an ihn abgeben. Er wird die Dinge so wenden, wie es seinem Willen entspricht. Er wird alles gut werden lassen – auch wenn es vielleicht vorerst nicht nach meinen Vorstellungen laufen wird. Manchmal scheint Gott sogar Freude daran zu haben, mir Dinge gelingen zu lassen, für die ich regelrecht ungeeignet erscheine, damit ich seine Stärke in mir erkenne. Wenn er es so will, kann ich über mich hinauswachsen. Es gibt manche biblische Leidensgenossen: große Zweifler, die sich ihren Aufgaben nicht gewachsen fühlten und die es schafften, sie mit Gottes Hilfe trotzdem zu bewältigen. Man denke nur an Moses oder den Propheten Jesaja. Oder Petrus. Er hat sie alle stark gemacht und uns die große Botschaft seines Beistandes vermittelt. Gott sei Dank!

INSPIRATIONEN AUS DER BIBEL

Siehe, Gott ist meine Rettung. Ich vertraue ihm und habe keine Angst. Gott, der Herr, ist meine Stärke und ich lobe ihn; er wurde mein Retter.

Jesaja 12,2

Sorgt euch um nichts, sondern betet um alles. Sagt Gott, was ihr braucht, und dankt ihm. Ihr werdet Gottes Frieden erfahren, der größer ist, als unser menschlicher Verstand es je begreifen kann. Sein Friede wird eure Herzen und Gedanken im Glauben an Jesus Christus bewahren.
Philipper 4,6-7

Jesus sagt: „Meine Gnade ist alles, was du brauchst. Meine Kraft zeigt sich in deiner Schwäche."
2. Korinther 12,9

MEIN GEBET

Vater, ich danke dir, dass du an meiner Seite stehst und mich stark machst. Du nimmst mir die Angst vor der Niederlage. In deinen Augen kann ich nicht versagen. Mit deinem Beistand kann ich mich sorglos auf meine Arbeit konzentrieren. Du hilfst mir dabei, sie zu bewältigen. Danke dafür. Amen.

ZUM NACHDENKEN

- **Vor welchen Aufgaben habe ich besonders Angst? Woran liegt das?**
- **Fühle ich mich von Gott bei meiner Arbeit getragen?**

⇛ GEMOBBT

Immer wieder lesen wir in der Bibel, dass Jesus sich nicht um den Rang der Menschen in der Gesellschaft schert. Er wendet sich den Sündern und Ausgestoßenen offen und herzlich zu. Er grenzt niemanden aus. Für Jesus sind alle Menschen wertvoll und einander gleichgestellt. Er lässt sich von einer Sünderin salben (Lukas 7), kehrt bei Zachäus dem Zöllner ein (Lukas 19) oder spricht am Jakobsbrunnen mit einer Samariterin. „Doch den Leuten in der Menge gefiel das nicht. ‚Bei einem berüchtigten Sünder kehrt er als Gast ein', murrten sie" (Lukas 19,7). Oder: „Was für eine Frau ihn da berührt. Eine Sünderin!" (Lukas 7,39).

Wen immer die Gesellschaft an den Rand stellt – Jesus reicht diesen Menschen die Hand. Wenn die Meute sich gegen eine einzelne Person wendet und ihr klarmacht: „Du bist kein Teil unserer Gemeinschaft" – wenn sie jemanden mobbt –, dann sagt Jesus zu dieser Person: „Glaub ihnen nicht. Du hast deinen Platz in meiner Gemeinschaft, du gehörst dazu. Du bist verletzt worden, aber komm zu mir, ich kann dich heilen. Ich bin der Weg und die Wahrheit."

Menschen, die gemobbt werden, brauchen Hilfe –

vielleicht von uns. Sie brauchen jemanden, der es wagt, den ersten Schritt auf sie zu zu machen, und der sie nicht ausgrenzt. Jemanden, der in ihnen die Bedürftigkeit sieht statt diejenigen, die die Gemeinschaft zu bedrohen scheinen.

Doch der Mensch, der andere mobbt, ist ebenfalls hilfsbedürftig. Solche Personen haben nicht gelernt, ihre Ängste zu überwinden, und nutzen andere als Zielscheibe ihrer Aggressionen, als Ventil für eigene Probleme und Ängste.

Den Menschen, die das Mobbing anderer beobachten, würde Jesus wohl sagen: Ich habe es euch vorgemacht. Seid standfest. Tretet denen entgegen, die keine Achtung vor Gott und seinem Willen beweisen, und seid ein helles Licht vor ihrer Dunkelheit. Nehmt einen klaren und deutlichen Standpunkt für die Liebe und für die Schwachen ein. Seid herzlich. Macht euren Glauben in euren Taten erkennbar.

Als Christ möchte ich fest verankert sein im Vertrauen auf Gott, um negative, äußere Einflüsse abzuwehren und ihnen zu trotzen. Um mich nicht dem lieblosen Verhalten anderer anzupassen oder tatenlos zu bleiben und Ungerechtigkeit stillschweigend zu akzeptieren. Ich möchte mich an die goldene Regel halten, die Jesus mir im Umgang mit Menschen mit auf den Weg gegeben hat. Ich möchte sagen können: „Hier stehe ich, ich kann nicht anders, als durch meine Taten Gott die Ehre zu geben und seinen Willen zu tun." Ich möchte mich für Ausgegrenzte und Schwächere in meiner Umgebung einsetzen.

INSPIRATIONEN AUS DER BIBEL

Gott segnet die, die traurig sind, denn sie werden getröstet werden.
Matthäus 5,4

Da trat ihm ein Aussätziger in den Weg. Er fiel vor ihm nieder und sagte: „Herr, wenn du willst, kannst du mich gesund machen." Jesus berührte ihn. „Ich will es tun", sagte er. „Sei gesund!" Und im selben Augenblick war der Mann von seiner Krankheit geheilt.
Matthäus 8,2-3

MEIN GEBET

Vater, vergib mir, wenn ich es nicht schaffe, für mehr Gerechtigkeit einzustehen. Verzeih mir, wenn ich in der Gemeinschaft stehe und andere Menschen ausgrenze. Ich bitte dich für diejenigen, die ausgegrenzt werden. Gib ihnen Mut und sprich ihnen Kraft zu. Ich bitte dich für diejenigen, die andere ausgrenzen. Öffne ihre Augen und schenke ihnen deine Liebe. Lass sie herzlich werden und andere in die Gemeinschaft einbeziehen. Ich bitte dich für mich: Gib mir einen festen Stand im Glauben und lass mich für deine Gerechtigkeit einstehen und deine Liebe verkünden. Hilf auch mir, herzlich zu werden. Ich wünsche mir, dass Menschen auf mich blicken und in meinem Umgang mit den Menschen deine Liebe erkennen. Amen.

ZUM NACHDENKEN

» **Gibt es Menschen, denen ich den Rücken zukehre?**

» **Habe ich schon einmal versucht, einen Kollegen, Kunden etc., mit dem ich mich nicht gut verstehe, mit den Augen Jesu zu sehen?**

» **Gibt es in meiner Umgebung Menschen, die gemobbt werden? Wie könnte ich ihnen beistehen?**

⇛ AUF WUNDERBARES VERTRAUEN

Ich habe eine Freundin namens Sophia, für die eine Geschichte aus dem Alten Testament eine besondere Bedeutung hat: der Auszug aus Ägypten (vgl. 2. Mose 13-14). Vor vielen Jahren hörte sie eine Predigt darüber, und damals hatte sie das Gefühl, als spräche der Pfarrer direkt zu ihr persönlich und hätte die Predigt nur für sie geschrieben. Zu dieser Zeit war sie ihrer Arbeit wegen sehr bedrückt. Ihre Vorgesetzte hatte zu einem Gespräch gebeten. In den Monaten davor hatte Sophia sehr viel gearbeitet und geleistet, und so malte sie sich in Gedanken das bevorstehende Gespräch aus. Sie erwartete Lob und hoffte insgeheim auch auf eine bereits in Aussicht gestellte Gehaltserhöhung oder eine andere Art von Belohnung.

Doch dann kam die plötzliche Ernüchterung. Im Gespräch wurde ihr ganz anderes mitgeteilt: Eine große Umstrukturierung stünde an, die Zuständigkeiten veränderten sich bald, und noch bliebe unklar, auf welchem Posten sie dann eingesetzt würde. Alle ihre Pläne und Erwartungen wurden mit einem Mal auf den Kopf gestellt. So viel Arbeit und Anstrengungen lagen hinter Sophia und was war das Ergebnis? Eine ganz neue Situation der Verunsicherung und Enttäuschung.

Besorgt fragte Sophia sich, wie es weitergehen sollte. Damals schien es ihr fast so, als wäre ein kleines Wunder nötig, um dem Lauf der Dinge wieder eine gute Wendung zu geben. Und dann kam zum richtigen Zeitpunkt diese Predigt. Zwei Punkte hob der Pfarrer darin besonders hervor. Zum einen betonte er, dass Gott die Israeliten bei ihrer leidvollen Flucht nicht auf direktem Wege, sondern über einen Umweg aus dem Land führte. Gott hatte dafür seine Gründe, die dem Volk Israel jedoch nicht bekannt waren. Zum anderen flohen die Israeliten geradewegs in eine scheinbar ausweglose Situation. Vor ihnen lag das Rote Meer, hinter ihnen folgten die Furcht einflößenden Ägypter. Wie sollten sie dieser Lage entkommen? Durch Vertrauen auf Gott! Das war die Botschaft der Predigt. Wenn wir ratlos sind, ist Gott es noch lange nicht! Er kann neue, ungeahnte Wege und Perspektiven eröffnen. Vielleicht wird er uns dabei jedoch auf unergründliche Umwege und durch schwierige Situationen schicken. „Habt keine Angst! Wartet ab und seht, wie der HERR euch heute retten wird. Denn ihr werdet diese Ägypter dort nie wiedersehen. Der HERR selbst wird für euch kämpfen. Bleibt ganz ruhig!“ (2. Mose 14,13-14), richtete Gott seinem Volk durch Mose aus. Am Roten Meer ließ er Mose das Wasser teilen und die Israeliten liefen hindurch. So fantastisch, so machtvoll und so wunderbar war Gottes Lösung des Problems. Das Rote Meer einfach so teilen zu können, ist wohl nicht gerade eine Idee, die uns in einer vergleichbaren Situation kommen würde. Diese Geschichte verspricht uns: Wir müssen unsere Probleme nicht alleine lösen und dürfen vertrauen! Sophia bekam durch die Predigt eine leise Ahnung davon, dass Gott auch sie – vielleicht auf einem Umweg – zu einem neuen Ziel führte. Sie begann, Gott im Gebet ihr Vertrauen auszusprechen. Tatsächlich wurde sie schon bald auf einem anderen Posten eingesetzt. Entgegen all ihrer Skepsis war sie nach kurzer Zeit mit sehr viel Freude und Elan bei der neuen Arbeit. Nach einigen Monaten wurde sie sogar befördert, und noch heute staunt sie über diese positive Wende, die ihr Arbeitsleben damals genommen hat. Vergessen wir manchmal die Wunder, die Gott tut? Nicht nur die Bibel, auch viele Christen in unserem Umfeld können davon berichten: von großen und kleinen wunderbaren Ereignissen aus ihrem Leben. Von Wegen und Umwegen, die sie ganz ungeahnt zu neuen Ufern geführt haben. Wir sollten uns umhören, um solchen Geschichten zu lauschen. Sie können uns ein noch tieferes Vertrauen in Gott geben. Dann ahnen wir vielleicht, dass auch bei unserer Arbeit kleine wie große Wunder möglich sein können.

INSPIRATIONEN AUS DER BIBEL

Deshalb sage ich euch: Bittet, und ihr werdet erhalten. Sucht, und ihr werdet finden. Klopft an, und die Tür wird euch geöffnet werden. Denn wer bittet, wird erhalten. Wer sucht, wird finden. Und die Tür wird jedem geöffnet, der anklopft.
Lukas 11,9-10

Was er öffnet, kann niemand schließen, und was er schließt, kann niemand öffnen.
Offenbarung 3,7

Der HERR hält die fest, die hinfallen, und hilft denen auf, die zusammengebrochen sind. Aller Augen sehen auf dich und warten auf Hilfe; du gibst ihnen Nahrung, wenn es nötig ist.
Wenn du deine Hand öffnest, stillst du den Hunger und Durst aller Geschöpfe.
Der HERR ist gerecht in allem, was er tut,
ein Gott, auf den man sich verlassen kann.
Der HERR ist allen nahe, die ihn anrufen, allen, die ihn aufrichtig anrufen.
Er erfüllt die Wünsche derer, die ihn achten, er hörte ihre Hilfeschreie und rettet sie.
Psalm 145,14-19

MEIN GEBET

Geliebter Gott, auf dich hoffe ich. Manche Wendungen und Ereignisse in meinem Leben erscheinen mir unergründlich und verlaufen nicht nach meinem eigenen Plan. Das verunsichert und bedrückt mich. Doch du hast mir zugesprochen, dass ich dir vertrauen kann. Mit dir sind neue Wege und Auswege aus schwierigen Situationen möglich. Du kannst Wunder wahr machen. Ich bin dir dankbar, dass du an meiner Seite stehst und mich lenkst und führst. Von ganzem Herzen vertraue ich darauf, dass du in meiner Arbeit und in meinem Leben wirkst. Amen.

ZUM NACHDENKEN

» **Kenne ich Menschen, die durch Gottes Liebe eine schwierige Situation oder sogar eine Krise überwunden haben?**

» **Was erzählen mir andere darüber, wie Jesus in ihrem Leben gewirkt hat?**

» **In welcher Situation benötige ich gerade ein Wunder? Habe ich Gott schon darum gebeten, eines zu tun?**

Inhalt

BIRGIT SCHILLING
Fest im Glauben –
stark im Leben
Geistlich reif werden
SCM R.Brockhaus